Wilhelm Jordan

Der epische Vers der Germanen

Wilhelm Jordan

Der epische Vers der Germanen

ISBN/EAN: 9783743368194

Hergestellt in Europa, USA, Kanada, Australien, Japan

Cover: Foto ©ninafisch / pixelio.de

Manufactured and distributed by brebook publishing software (www.brebook.com)

Wilhelm Jordan

Der epische Vers der Germanen

Der epische Vers

der Germanen

und sein

Stabreim.

Von

Wilhelm Jordan.

Frankfurt a. M.
W. Jordan's Selbstverlag.
1868.
Leipzig: F. Volckmar.

Uebersetzungsrecht vorbehalten.

Inhalt.

	Seite
1. Anlaß und Thema	1
2. Ursprung der poetischen Formen	3
3. Urwachsene und gepfropfte Form	6
4. Metrik, Musik und Mnemotechnik der griechischen Epiker	10
5. Rhythmik des Stabverses	16
6. Rückkehr deutscher Poesie zu deutscher Rhythmik	24
7. Der Stabreim	30
8. Stellungen des Stabreims	44
9. Gebrauchsanweisung. Schlußparabel	51

1.

Viele Hörer und jetzt auch einige Leser meiner Nibelunge haben den Wunsch geäußert das Gesetz des epischen Verses und seines Stabreims durch eine gesonderte Darstellung kennen zu lernen. Eine solche schien mir bisher überflüssig. Ein besseres Mittel zu diesem Zweck glaubte ich in meinem Epos selbst veröffentlicht zu haben. Um dies in allem Wesentlichen richtig vorzutragen braucht man nur ein geborner Deutscher oder des Deutschen mächtiger Germane zu sein und lesen zu können. Für den, der die Nibelunge laut liest, ist es nicht nöthig daß er jemals auch nur von der Existenz der Allitteration gehört habe. Nicht einmal Das braucht er zu wissen, daß er überhaupt Verse vor sich habe. Er kann diese gar nicht anders lesen als richtig; denn ihre Grundregel ist ihm selbst eingeboren als Tongesetz aller germanischen Sprachen. Ihre Allitterationsmusik wird um desto besser zu Gehör kommen, je weniger er sich um dieselbe kümmert.

Jeder kann sich davon überzeugen durch Wiederholung des Versuchs, den ich etliche dreißigmal an eben so vielen Orten, und ohne Ausnahme mit Erfolg angestellt habe.

In Gesellschaften, unmittelbar nach meinen Rhapsodieen, mußte ich oft die Frage hören: ob es nicht recht schwer sei, den Rhythmus dieses Verses und seine Stabreime so geläufig und regelrecht vorzutragen? Meine stehende Antwort lautete: Holen Sie mir ein 11 bis 12jähriges Kind, am besten ein Mädchen; wenn es ein Knabe ist, sei er etwas älter, jedoch, wenn ich auf den Erfolg soll wetten können, kein schon mit lateinisch-griechischer Metrik inficirter Gymnasiast."

Ich ließ die Kinder eine beliebige Seite meines Manuscriptes erst still für sich durchsehn, damit ihnen die Schrift geläufig würde; dann bat ich sie laut zu lesen wie ihnen der Schnabel gewachsen sei. Bei allen diesen Versuchen wurde der Tonfall ohne den mindesten Anstoß getroffen und die Hörer bekannten, daß ihnen auch die Stäbe auf's Deutlichste zu Ohr geklungen seien. Was aber weit mehr heißen will, auch die Hauptsatztöne wurden nicht ein einzigesmal verfehlt, während dieselben jugendlichen Vorleser bei der Gegenprobe mit Reimversen recht oft unrichtig betonten.

Aber die Wahl der lebendigen Instrumente zu diesen Versuchen hat sich dennoch erwiesen als zu sehr getroffen zu Gunsten des Beweises den ich führen wollte, mein Schluß aus ihrem Ergebniß als voreilig. Meine Hörer und Leser sind eben nicht blos Kinder und Frauen mit unverbildetem germanischem Sprachinstinct, sondern auch theils offene Bekenner, theils unbewußte Patienten des Aberglaubens an eine Metrik, die selbst für die antike Poesie zur Hälfte falsch ist, obwohl sie aus ihr abgeleitet wurde, von deren Gesetzen aber für die deutsche Sprache auch nicht eines richtig, dagegen beinahe jedes eine Versündigung an ihrer Natur ist.

Von seiten Solcher sind neuerdings, seitdem die Nibelunge gedruckt vorliegen, über Wirkung und Zweck der Alliteration einige schiefe Urtheile gefallen, d. h. Urtheile, welche sich unter unrichtigen Voraussetzungen auf ganz richtige Thatsachen berufen. Zwar steht ihnen gegenüber beinahe die gesammte deutsche Journalistik, welcher ich den allerinnigsten Dank schuldig geworden bin für den ernsten und angestrengten Eifer, ganz besonders auch für die bewundernswürdige Objectivität ohne Einfluß der Parteifarbe, mit der sie das Verständniß meines Unternehmens der Nation vermittelt hat. Mit einem Chor von Stimmen, darunter einer großen Zahl der allergewichtigsten, hat sie in mehr denn dreihundert tiefeingehenden Berichten vom Hören geurtheilt, und zwar gerade über den Stabvers mit einer so überwältigenden Einstimmigkeit und zugleich so erschöpfend, daß ich mich, jenen vereinzelten Aeußerungen gegenüber, getrost berufen darf auf den Wahrspruch dieses großen und competenten Forums und auf die Erinnerung meiner Zuhörer.

Allein jetzt liegt mein Werk auch vor Lesern, die mich nicht gehört, jene Journalberichte meist nicht gelesen haben. Wenn diese Leser, wie es wahrscheinlich ist, meine Dichtung nicht recht gebrauchen, nämlich nur dazu, wozu man die meisten Bücher zu gebrauchen pflegt, dann laufen sie Gefahr jenem schiefen Urtheil über den Stabvers von selbst zu verfallen, und mehr noch, sich von demselben gefangennehmen zu lassen wenn sie es gedruckt sehn; denn es hat einen verführerischen Schein von Wahrheit weil es, wie gesagt, von ganz richtigen Thatsachen ausgeht.

Deshalb will ich nun jenem Wunsch entsprechen und schon hier, theils erweitert theils verkürzt, einige Abschnitte veröffentlichen aus einem größeren Werk über das deutsche Epos, dessen Vollendung ich zur Zeit noch nicht absehn kann.

Ich werde darstellen, wie der epische Vers entstanden ist und was er zu leisten hat. Ich werde versuchen den Schleier wenigstens etwas zu lüften, welcher uns die epischen Kunstmittel unserer einzigen abendländischen Theilhaber am Besitze des Epos, der Griechen, zur Hälfte verdeckt. Ich werde dann das Grundgesetz und die Eigenschaften erklären, vermöge deren der epische Vers der Germanen seine eigenthümliche Wirkung ausübt und jene Aufgabe vollkommener löst als irgend eine andere poetische Form. Endlich will ich noch angeben, wie der Genuß dieses Verses stattzufinden hat und welche unerläßlichen Bedingungen Diejenigen erfüllen müssen, für die er mit ganzem Erfolg seines Amtes walten soll.

2.

Die Aufbewahrung und Vererbung der Kenntnisse und Erfahrungen, auf denen alle Cultur beruht, geschieht zum Theil auch noch heute durch persönliche Unterweisung und mündliche Ueberlieferung. Noch immer ist die Nation selbst das lebendige Hauptlexicon ihrer Sprache. Noch immer besitzen wir an Spruchweisheit, an Märchen, Sagen und geschichtlichen Erinnerungen einen Schatz der sich unabhängig von den Aufzeichnungen der Sammler forterhält. Noch immer hat jeder Beruf, jeder Stand, jedes Handwerk, seine besondere Tradition, seine oft in kurze Schlagworte gefaßten Regeln und Geheimnisse, die man sich genügend aus keinem Lehrbuch, sondern nur durch eine practische Lehrlingszeit aneignen kann.

Das Hauptbewahramt der Cultur ist aber längst übergegangen auf das Buch.

Vor Erfindung und Verbreitung der Schreibkunst war allein das Gedächtniß betraut mit diesem Bewahramt.

Lange bevor man bedeutsame Zeichen in die Rinde eines Zweiges zu schneiden oder Gebote in Steintafeln zu meißeln verstand, hatte man eine

Religion mit heiligen Geschichten, mit verwickelten Gebräuchen, mit zahlreichen Gebeten deren Wirksamkeit für bedingt galt durch die genaueste Richtigkeit ihres Wortlauts; hatte man ein geltendes Recht in festen Gesetzen, Sittenregeln, Vorschriften der Arzneikunde, der verschiedenen Gewerbe und Künste. Man wußte oder glaubte das Gedeihen, die Fortdauer des Volkes abhängig von der Erhaltung dieses Besitzes.

Nur des gesprochenen Wortes flüchtiger Hauch war das Gefäß in welchem der sterbliche Mensch diese Essenz zur unsterblichen Menschenwürde seinen Nachkommen zu überreichen wußte. Wie war ein wissenswerthes Erbgut von so großem Umfange mit unverlierbaren Worten im Gedächtniß zu befestigen?

Zunächst nur vermittelst einer Theilung der Arbeit des Behaltens. Es erwuchs für diese heilige Arbeit ein besonderer und hoch angesehener, meist erblicher Stand. Die gewerbliche Uebung desselben führte dann zur Entdeckung künstlicher Unterstützungsmittel des Gedächtnisses.

Alles Gedenken und Sicherinnern beruht auf einer sinnlichen oder ursächlichen Verkettung der Vorstellungen. Wie der erste Ring einer Kette den zweiten nach sich zieht, so ruft eine Vorstellung die zweite, wenn wir diese, sei es zufällig, sei es absichtlich, einmal mit ihr verknüpft hatten, jedesmal mit in unser Bewußtsein. Ein junger Mann z. B. der ein ihm lieb gewordenes Mädchen zum erstenmal erblickte, als es aus der grün angestrichenen Thür jenes Eckhauses heraustrat, kann diese Thür niemals wieder ansehn, oder auch nur die Worte „grüne Thür" wieder hören, ohne daß ihm die ganze Scene der ersten Begegnung wieder vor Augen träte. Wir können das Wort „Blitz" gar nicht aussprechen oder denken, ohne daß nicht zugleich die Vorstellung „Donner" in uns auftauchte. „Weib — und Kind" rufen einander; „Himmel — und Erde" — „Land — und Meer" sind Zwillingsvorstellungen, die stets zusammen auftreten. Wir können die ersten sechs Noten eines bekannten Liedes nicht hören, ohne daß uns die ganze Melodie vor dem Ohre summt und zugleich die Textesworte auf den Lippen schweben. „Wind — und Wetter" — „Haus — und Hof" — „Kind — und Kegel" — „Saus — und Braus", sind Paare, deren erstem Gliede das zweite von selbst nachkommt; und wem träte nicht mit der „Wahl" zugleich die „Qual" in die Gedanken?

So führte diese Verkettung der Vorstellungen zur Bildung stehender Wortpaare, Sprüche und Redewendungen, und zwar zunächst unbewußt.

Allmälig aber mußte man sich ihrer auch bewußt werden. Dies unwillkürliche Wachsen Jedem geläufiger Formeln der Erkenntniß lernte man mit Absicht nachahmen, um neue Kenntnisse eben so geläufig auszudrücken und ihre Vererbung zu sichern.

Was man ungeschmälert von Geschlecht zu Geschlecht zu überliefern wünschte, das ordnete man in eine Kette sich ursächlich rufender Glieder, in einen symmetrischen Parallelismus. Man verband die behaltenswerthen Worte mit einem bestimmten Ton, mit einer festen Vortragsweise, mit Melodie und Rhythmus. Sie wurden gesungen. Die Länge der Satztheile, die Intervalle der Cäsuren wurden bestimmt zunächst durch das ewig gültige Grundmaaß alles guten Styls, gleich viel ob in prosaischer oder poetischer Form: durch den mittleren Luftgehalt, welchen die menschliche Lunge während des Redens oder Singens mit einmaligem Athmen bequem zu fassen und, wie der Blasebalg an die Pfeife, zu ausreichender Tonbildung durch die Stimmritze abzugeben vermag. Das damit zusammenhängende Bedürfniß des Tactes modelte dann diese Wortgruppen zu dem, was wir Vers nennen.

Frühzeitig empfand das Ohr, der Sinn des Sprachgedächtnisses, die einprägende und befestigende Wirkung der Lautwiederholung, der Tonverwandtschaft, der Uebereinstimmung des Klanges. Nach der Erfahrung an zufällig vorgefundenen Beispielen lernte man sie künstlich herbeiführen zum Einprägen wichtiger Vorschriften, denkwürdiger Erlebnisse. Die Hebungen, die Ruhepunkte, die Hauptschlüsse der Melodie wurden auch im Text lautlich ausgezeichnet. Zum Verse traten hinzu der gleiche Anlaut, wie „Wind und Wetter", der Anklang, wie „Hand und Mann, Haus und Baum", endlich der Gleichklang oder Reim.

So wurde die poetische Form als Gedächtnißmittel Vertreterin der noch fehlenden Schrift.

Daher kommt es, daß in allen Litteraturen das Ursprüngliche, Erste die Poesie, das Spätere die Prosa ist. Wem diese Entstehungsweise unbekannt, dem muß es verwunderlich dünken, daß das Einfachere gleichwohl das Spätere, das offenbar Künstlichere gleichwohl das Frühere sein soll. Aber die Prosa ist erst das Kind der ausgebildeten Schreibkunst, die Poesie hingegen selbst ursprünglich nichts Anderes als Ohrenschrift.

Jener Gesammtschatz geistigen Eigenthumes, der durch die poetische Form im Gedächtniß der Völker befestigt war und durch einen eigens dafür organisirten Stand von Priestern und Sängern verwaltet wurde, ist das Epos im weitesten Sinne des Wortes. Zu ihm gehörten u. A. auch Gebete zur Anrufung der Götter in bestimmten Fällen, Gesetzesformeln, Ackerbauregeln, Arzneivorschriften u. dergl. mehr. In diesem Sinne würden also als Ueberreste des altdeutschen Epos zu betrachten sein auch der Bienensegen, der Hundesegen, die beiden sogen. Merseburger Zaubersprüche, der eine zur Heilung eines verrenkten Fußes, der andere zur Befreiung eines Kriegsgefangenen, ja, wenn es nicht unächt wäre, sogar das Schlummerlied. Unter Epos im engeren Sinne versteht man dann die an die Göttergeschichte anknüpfende Sagengeschichte des Volkes von den ersten Anfängen bis zum Beginn der historischen Zeit, sofern sie niedergelegt ist, oder doch, nach deutlichen Spuren, einst niedergelegt war in ursprünglich nicht aufgeschriebenen, sondern von Mund zu Munde überlieferten Liedern. Endlich aber, im eigentlichen und engsten Sinne, ist Epos eine Dichtung, in welcher ein einzelner Poet einen Theil dieses Sagenschatzes zur Kunstform der poetischen Erzählung, d. h. geeignet für den öffentlichen und freien Vortrag, gestaltet hat.

Die Griechen theilten ihre Litteratur ein in ἔπεα und γραμματα, d. h. in Werke, die ursprünglich nur als gesprochene Worte vorhanden waren, und solche, die sogleich niedergeschrieben wurden; also in Sagen und Schriften. Somit ist unser Wort Sage eine deckend genaue Wiedergabe des griechischen Epos, und Frithiofsage, Sigfridsage bedeutet: das Epos von Frithiof, von Sigfrid.

3.

Die älteste der poetischen Formen zur Bewahrung des Wissenswerthen im Gedächtniß scheint der Doppelspruch gewesen zu sein, dessen zweites Glied ungefähr dasselbe sagte wie das erste, nur mit anderen Worten; der sogenannte Parallelismus der Glieder.

Seiner haben sich bereits die alten Aegypter bedient. Wahrscheinlich von diesen lernten ihn die Hebräer. Doch sind die letzteren keineswegs, wie man lange geglaubt hat, bei ihm stehn geblieben. Vielmehr haben Sie schon ihn ausgebildet zum rhythmischen Satzpaar, zur Strophe, und selbst zur gereimten Strophe.

Ja, sogar die erste Entdeckung des Reimes wage ich den Hebräern zuzuschreiben, bis etwa noch entdeckt würde, daß er schon den Aegyptern oder den babylonischen Chaldäern bekannt gewesen. Aber auch dann würde ich noch beharren bei der Behauptung, daß ihn die Juden selbständig gefunden haben.

Alle poetischen Formen sind in wesentlich gleicher Weise entstanden. Von keiner aber ist die Entstehung unserer Beobachtung in so deutlichen Spuren zugänglich geblieben wie die Genesis des hebräischen Reimes. Schon deshalb ist es keineswegs eine Abschweifung, wenn ich bei ihr einen Augenblick verweile.

Ich kenne keine älteren Reime als die des alten Testamentes. Ich weiß, daß man sie längst bemerkt hat, und weiß auch, daß die banale Behauptung, sie verdankten ihr Dasein lediglich dem Zufall, bereits Widerlegung gefunden hat; denn es gehört in der That eine zu große Portion theologischen Eigensinnes dazu, seine Augen und Ohren für die Absichtlichkeit ihrer Zusammenstellung zu verschließen. Darauf aber ist meines Wissens noch nicht hingewiesen worden, daß der Reim sonst nirgend so deutlich noch noch die Schaalen des Eis an sich kleben hat aus dem er ausgeschlofen ist.

In den Erstlingsversuchen der altdeutschen Reimpoesie sehn wir, wie die Sprache die schöne Fülle ihres Leibes einschnürt bis zur Athembeschwerde und ihre noch so mächtigen als vielgestaltigen Gliedmaaßen zwängt bis zum lahm- und wundwerden, um sich nach fremdländischen Mustern einen Schmuck anzulegen, der ihr durchaus nicht paßt. Und was sie damit zu Stande bringt ist doch nur ein Mittelding zwischen Reim und Affonanz, wie in der ersten Strophe des Ludwigsliedes:

   sang was gisungan,
   wig was bigunnan;
   bluotsccin in wangon
   spilodun diu Francon.

Die englische Sprache hat den gelegentlichen Gebrauch dieser Mittelform beibehalten, und mit bestem Recht; denn sie ist verhältnißmäßig bei Weitem wohllautender, als die meisten späteren Strophen mit correcterem Reim, namentlich seitdem man auf den unglückseeligen Einfall gekommen war, nur noch einsylbig reimen zu wollen. Man wünscht seufzend, daß die deutsche Sprache, wenn sie doch schon einmal abgedrängt werden mußte von ihrer angeborenen und geistig bedeutsamen Musik, wenigstens bei dieser

Mittelform stehn geblieben wäre, etwa wie die dramatische Poesie der Spanier sich überwiegend mit der Assonanz begnügt hat. Denn indem sie die verderbliche Selbstmarter immer strenger fortsetzte, mußte sie zuletzt die schönen Glieder ihrer Conjugation und Declination zu traurigen Stummelresten verkrüppeln. Es ist, wie man weiter unten auch an Beispielen sehn wird, durchaus keine Uebertreibung, wenn ich behaupte, daß der Reim die Hauptschuld trägt an der Verwüstung der edelsten der Sprachen, und daß die Einbuße fast unberechenbar groß ist, welche sie niemals würde erlitten haben ohne die Sucht, auch sich eine gewisse Virtuosität in einer importirten Musik anzuquälen; — was ihr denn allerdings nach tausendjähriger Anstrengung zuletzt so gut gelungen ist, daß nun fast Jedermann seinen Bedarf an Reimwerfen selbst macht und Niemand mehr welche hören will.

Das gerade Gegentheil beobachten wir im Hebräischen. Hier sehn wir den Reim ohne Vorbild, ahnungslos, in wimmelnder Menge und durchaus freiwillig aufblühn aus dem Organismus der Sprache.

Wie die Gestalt der Blume nichts anderes ist, als Ein Umlauf der um den Stengel emporgewundenen Wendeltreppe von Blattstufen, nur zusammengeschoben in Eine Ebene von Achsenaustritten: so sind die hebräischen Reime nur die symmetrisch geordneten Gleichklangsgebilde, von denen die Sprache selbst in der schlichtesten Prosa vollsteckt.

Von diesem zufälligen Vorkommen, wo der Reim so wenig bemerkt wird, daß der Schriftsteller nicht einmal daran denkt seine oft mißtönige Wirkung mit leichter Mühe zu vermeiden; von den Fällen, wo die erste Spur aufdämmert, daß der Verfasser seinen unbeabsichtigten Eintritt wahrnahm und gewähren ließ; wo er dann schon seine Wirkung spürte und zu rhetorischem Zweck als willkommenen Nebenfund verwandte, bis zum überlegten Anordnen nach festen Intervallen, ja bis zum unzweifelhaften Zusammensuchen für mehrzeilige Strophen —: von allen diesen Stufen seines Werdens könnte ich überzeugende Beispiele in hinlänglicher Zahl anführen. Doch behalte ich mir das vor für einen andern Ort und beschränke mich hier auf ein Paar Belege für die letztgenannte Stufe.

Im 1. B. Mose 5, 29. wird der Name Noach, als der des ersten Rebenpflanzers, vermittelst einer, übrigens unrichtigen etymologischen Spielerei, in Verbindung gesetzt mit dem Verbum nacham, trösten, und so auf den Mann, als Grund der Namengebung, angewendet, was nichts anderes ist, als ein uraltes Liedchen zum Lobe des Weines.

Dasselbe lautet:	zu deutsch etwa:
Seh jenachmenu	Das ist der Linderer,
Minaasenu	Das der Verminderer
Umeïzbón jadenu	Unsrer Beschwerde
Min haadamah	Wann wir uns plagen
Ascher ërarah	Zu bauen die Erde
Jahveh (gesprochen: Adonä)	Welche der Herr mit dem Fluche geschlagen.

Die Antwort Simsons an die Philister, als diese mit Hülfe seiner jungen Frau sein Räthsel gelöst haben, Richter 14, 18. lautet:

Luleh charaschtem	Wenn ihr nicht vor den Pflug
Beëglati	Meine Kalbe*) geschirrt,
Lo mezahtem	Nie hättet ihr klug
Chidati.	Mein Räthsel entwirrt.

Besonders geeignet, auch den Zweifelsüchtigsten von der bewußten Reimkunst der Hebräer zu überzeugen, sind mehrere Stellen des Hohenliedes, z. B.

Hareïni	Laß mich schauen
Eth marŏch	Dein Gesicht
Haschmiïni	Und vernehmen
Eth kolĕch. —	Deine Stimme.
Kumi lăch	Erwache für mich
Rajati	Mein herziges Kind
Ulechi lăch	Und mache für mich
Japati.	Dich auf geschwind.

Schon diese Beispiele zeigen einleuchtend den schroffen Gegensatz zwischen der gewaltsamen Nachahmung und Aneignung der fremdländischen Form seitens der deutschen Sprache, und ihrem zwanglosen Erwachsen aus der Natur der semitischen, die ihn als autochthones Originalgebilde hervorbringt. Hier sehen wir den Reim, wie alle nicht aufgepfropften poetischen Formen, nicht absichtlich erschaffen, sondern entstanden, nicht erfunden, sondern vorgefunden. Es reimen hier nur die grammatischen Endungen, die angehängten Possessiv-, Declinations- und Conjugations-Pronomina. Erst indem man aufmerksam werden mußte auf diese, durch den Organismus der Sprache von selbst häufig eintretenden Reime und die starke musikalische

---

*) So bekanntlich hatte auch Luther geschrieben. Kalbe = Färse, Sterke, junge Kuh. Der Unsinn „mit meinem Kalbe gepflüget" ist ihm von irgend einem Einfaltspinsel, wahrscheinlich von einem Setzer, erst später ancorrigirt, und wird jetzt mit Grazie ad infinitum beibehalten aus — Pietät gegen Luther!

Wirkung welche sie in dieser vorzugsweise die letzte Sylbe betonenden Sprache hervorbringen, lernte man sie auch suchen. Damit soll aber nicht gesagt sein, daß alle übrigen Völker den Reim erst von den Juden gelernt hätten. Nein, ganz in derselben Weise haben ihn auch andere Sprachen selbständig entwickelt. Wie sein zufälliges Auftauchen Schritt vor Schritt zum Wahrnehmen und zuletzt zum bewußten Erkünsteln geführt hat, ist u. A. auch in den Tragödien des Sophokles deutlich zu beobachten.*) Sehr merkwürdig in diesem Sinn ist auch ein secundäres Eintreten des Reimes in den Dainôs der Littauer. Ein Hauptelement nämlich, man darf sagen eine ganz eigene poetische Form der littauischen Volkspoesie ist der Deminutivausdruck. Deminutivformen besitzt diese außerordentlich klangschöne und interressante, von den lebenden dem Sanskrit am nächsten stehende Sprache, nicht nur für Substantiva, sondern auch für Verba (wie wir in vereinzelten Fällen z. B. lachen — lächeln), Adjectiva und Adverbia in reichster Mannichfaltigkeit. Der durchaus nicht gesuchte, in vielen Strophen und ganzen Liedern fehlende, immer nur gelegentlich mitgenommene Reim, tritt fast in der Mehrzahl der Fälle seines Vorkommens ein eben durch die gleichen Deminutivendungen, z. B. moczutte — wargdienutte Mütterchen, armes Mägdlein; wainikèlis — szurstèlis Kränzlein (eigentlich Brautschmuck von besonderer Form) Schürzlein.

4.

Die Sängerzunft der altgriechischen Epiker löste die oben bezeichnete Aufgabe durch regelmäßiges Tactiren der Sylben nach ihrem vocalischen oder Stellungs-Zeitwerth, ohne Rücksicht auf das Gesetz der Betonung, und, wie schon daraus allein unzweifelhaft hervorgeht, durch eine uns nicht hinlänglich bekannte Verbindung des Textes mit einer Melodie. Es war „Singen und Sagen" eine Mittelstufe zwischen Lied und Rede. Der Vortrag wurde mit einem Saiteninstrument begleitet und muß ungefähr den Recitativen unserer Oper, mehr noch dem Singsprechen der Geistlichen in unseren kirchlichen Responsorien ähnlich gewesen sein.

---

*) S. d. Vorrede zu meiner Uebersetzung.

Wir wissen überhaupt wenig Zuverlässiges von der antiken Musik und fast gar nichts von der Art ihres Zusammenwirkens mit der Poesie. Nur das scheint ziemlich gesichert, daß sie niemals, wie die moderne Musik so häufig, auf eine Sylbe mehr als eine Note singen ließ. Ferner drängt Vieles zu der Vermuthung, daß (die späteste Zeit des attischen Dramas ausgenommen wo Abweichungen von diesem Gebrauch vorgekommen zu sein scheinen), nicht wie bei unserer Oper zum fertigen Text die Musik gesetzt, sondern in der Regel umgekehrt zu vorhandener Musik u. z. Th. auch zu vorgeschriebener Tanzbewegung (Anapäst), die ihrem Tact entsprechenden Worte gedichtet wurden, wie das gegenwärtig zu geschehen pflegt mit den Couplets unserer Singspiele und Possen. Man scheint meistens Melodieen und Rhythmen altherkömmlicher Festhymnen oder bekannter Lieder gewählt zu haben. Die Bezeichnung geschah wohl, ganz wie in unseren Gesangbüchern und in den Drucken der französischen Vaux̧deville, mit der ersten Zeile des ältesten oder beliebtesten dazu gesungenen Textes; wenigstens finden wir in den „Wolken" des Aristophanes, im Gegensatz zu der von ihm bespöttelten zeitgenössischen Musik, einige ältere Volksweisen der guten marathonischen Zeit auf diese Art bezeichnet.

Wie dem auch sei, jedenfalls ist genetisch auch der griechische Vers ein secundäres Gebilde, d. h. nicht nach musiklos bewußten oder empfundenen metrischen Gesetzen gestaltet, sondern erst in Folge der allein beabsichtigten möglichst nahen Anpassung an die Noten und den Tact vorhandener Melodieen thatsächlich auch ein metrisches Gesetz erfüllend, dasjenige nämlich, das eben dieser Musik inwohnte.

Danach besäßen wir in den Hexametern des griechischen Epos von den recitativischen Melodieen, mit welchen die Rhapsoden sie einst vortrugen, gleichsam Notenblätter, auf denen das Liniensystem und die Notenköpfe zur Bezeichnung der Tonhöhen ganz ausgelöscht und nur die Notenschwänzchen mit den Zeichen des Tactwerths, der Viertel, Achtel und Sechzehntel, erkennbar geblieben sind. Nur noch aus der Vocalisation läßt sich, wenn man die angeborene Klangfarbe jedes einzelnen Vocals berücksichtigt, zuweilen errathen, wo der Fortschritt der Melodie ein Steigen oder Sinken gewesen sein wird.

Der Unterschied zwischen Singen und Reden ist kein Artunterschied. Er beruht lediglich darauf, daß der Sänger genau dieselbe Tonhöhe ein vorgeschriebenes Zeitmaaß anhält und zu andern Tönen nur auf senkrecht abgeſchnittenen feſten Treppenſtufen auf und niederſteigt oder ſpringt, während der Redner mit dem Moment des Einſetzens und auf denſelben Vocal den Ton auf- oder niederſchleifend bereits verlaſſen und ohne feſte Scala wie auf ſchiefer Ebene auch alle Töne zwiſchen den muſikaliſchen Intervallen durchgleiten darf. Kurz, im Geſange darf man nicht detoniren, und der Ausdruck der alltäglichen Rede wird vorwiegend gewonnen durch beſtändiges Detoniren nach oben und unten.

Dieſer Unterſchied zwiſchen Geſang und Rede ſcheint im Alterthum weit geringer geweſen zu ſein als bei uns. Für die Griechen läßt ſich das noch beweiſen. Selbſt politiſche und Gerichts-Redner ließen ihre öffentlichen Proſavorträge mit Muſik begleiten. In der erhaltenen Aufzeichnung derſelben leſen wir mehrmals den Zuruf: Flötenbläſer, pauſire! Sie wünſchten alſo vermuthlich die Tonhöhen feſtzuhalten, welche ſie als die vortheilhafteſten für ihr Stimmregiſter kannten und deren eindrucksvollen Wechſel je nach dem Inhalt ſie daheim mit dem Muſiker einſtudirt hatten. Ohne Zweifel aber und wohl hauptſächlich diente ihnen der Flötenbläſer als Gedächtnißhelfer. Sicherlich war mit ihm für die Anfänge und Schlüſſe der Haupt- und Unterabtheilungen der Rede, zwiſchen denen ſich das Gedächtniß am leichteſten verwirrt, je eine beſondere melodiſche Figur eingeübt. Jeder Opernſänger wird es beſtätigen, daß es kein zuverläſſigeres Mittel gibt, ſich den Wortlaut eines Satzes unverlierbar zu ſichern, als die Verkettung deſſelben mit einer muſikaliſchen Phraſe. Wo der Componiſt dafür geſorgt hat, daß die erſten Noten der Arie einige Tacte vorher von einem Inſtrument, und am beſten von einem Blasinſtrument, angegeben werden, da hat der Sänger den Souffleur niemals nöthig.

Waren die Griechen zu ſolchem Cantando-Reden ohne Frage durch die homeriſchen Rhapſoden erzogen worden, und hatten ihnen dieſe offenbar auch für die Inſtrumentalbegleitung des Vortrages Vorbild und Anleitung gegeben, ſo kann man, rückwärts ſchließend, kaum noch daran zweifeln, daß die Muemotechnik des griechiſchen Epos in der zugehörigen, für uns verlorenen Muſik ausgebildet geweſen iſt, und nicht in rein ſprachlichen Hülfsmitteln, die am Text angebracht waren; denn ſolche könnten uns nicht entgehn, wenn ſie vorhanden wären. Der Hexameter für ſich allein iſt ein verhältnißmäßig ſchwer zu behaltender Vers; denn er hat nur 32 mögliche Variationen und von dieſen ſind mehrere nur ſelten anwendbar, ja, die eine, der Vers von lauter Spondäen kommt, in der Odyſſee, nur ein einziges mal vor (XXI, 15). Zwar sind auch bei Homer die Alliterationen, Assonanzen und Binnenreime, wenn man die mnemonisch fast eben so tauglichen unvollkommenen Annäherungen mitrechnet, keineswegs selten. Ich bediene mich ihrer als vortrefflicher Stützen und Marken zum Behalten der Odyssee und zweifle nicht, daß sie zu demselben Zweck auch von den alten Rhapsoden als eine Nebenhülfe benutzt wurden; denn um sich Werke von großem Umfange so dauernd einzuprägen, daß man jedes beliebige Stück jeden Augenblick zur Verfügung habe, sind solche Mittel ganz unentbehrlich und die Kunst des Memorirens beruht recht eigentlich auf dem scharfen Blick und empfänglichen Ohr auch für die kleinsten Auffälligkeiten des Textes. Aber jene Lautgebilde sind doch zu sporadisch und ungleichmäßig vertheilt, als daß man annehmen dürfte, sie seien vom Poeten mit Bewußtsein für diese Bestimmung geschaffen. Wenigstens ist es mir bisher nicht gelungen in ihrem Vorkommen irgend eine Regel zu entdecken.

Stellen wir uns einmal vor, im J. 2868 n. Chr. G. versuche ein Gelehrter die Metrik der deutschen Poesie des 18 und 19ten Jahrhunderts in Regeln zu bringen. Aber von dieser Poesie habe sich für ihn weiter nichts erhalten, als der unter den Noten stehende Text einiger Opernpartituren. Ferner sei etwas höchst Unwahrscheinliches geschehn: die Musik sei im Lauf eines Jahrtausends so gänzlich genesen von dem Blödsinn ihres gegenwärtigen Verhaltens zur Poesie, daß es Niemande mehr möglich wäre zu begreifen oder auch nur zu glauben, ein Componist habe sich jemals erdreisten dürfen, Hauptaccente der Musik auf tonlose Sylben und umgekehrt zu legen, man habe also zu unserer Zeit auch wirklich gesprochen wie er es in Opern berühmter Meister musikalisch declamirt finde:

Mon - des,   Le - ben:

Welcher absonderlichen Metrik müßte uns dieser Gelehrte beschuldigen!

In einer ähnlich irrführenden, wenn auch ungefähr umgekehrten Lage, befanden sich die ersten Aufsteller der antiken Metrik. Sie hatten den Text ohne die Musik. Sie wußten nicht, daß jener nach dieser und für diese geworden sei. Sie hatten keine Kunde, keine Ahnung mehr von den recitativischen Melodieen die dem Poeten der Ilias, der Odyssee, sei es altgegeben, sei es von ihm selbst oder Andern neugemodelt nach alten Mustern, als Erstes im Ohre summten während er auf Hexameter sann, gleichsam als musikalische Matrizen in welche er seine Worte hineinpreßte, wodurch sie dann ihre rhythmische Prägung erhielten.

Einzig aus diesem Wortgepräge, ohne zu denken an seine erste Bestimmung, zogen sie Regeln ab und stellten sie auf als prosodische Gesetze der Sprache; als ob diese Worte in dieser ihrer Gesangstellung, in dieser nicht selten ziemlich gewaltsamen Umgestaltung für die Sangbarkeit, so und nach diesen Regeln zu Lebzeiten des Epos jemals wären gesprochen worden! So kamen sie auf die Theorie der festen Längen und Kürzen, die wir hundertmal widerlegt sehn durch den Kürzendienst auch der vollsten Vocale und Diphthonge. Die ganze Wahrheit derselben reducirt sich auf die Thatsache: daß die musikalischen Arsen und Thesen so sangbar als möglich vocalisirt und articulirt wurden.

Um auf einer Hauptnote des Tacts und der Melodie angehalten zu werden eignen sich, vermöge ihrer Ursprungsstelle im Sprachorgan und vermöge ihrer Klangfarbe, nur die breiteren Vocale unter allen Umständen. Andere werden dazu nur tauglich nach Hinzutritt einer Verstärkung durch die Stellung der folgenden Consonanten, die sogen. Position. Auf die schwach betonten und kurzen Noten lassen sich zwar alle Vocale singen und wurden auch wirklich schon von den alten Rhapsoden alle gesungen; aber die einen geben sich doch gefälliger, bequemer dazu her als die andern; sie erhielten deshalb dafür den Vorzug, wurden weit öfter so gesungen. Dies ist das ganze Geheimniß, dies die ganze Wahrheit der Theorie der sogenannten Längen und Kürzen.

Das freilich ist zuzugeben und wurde schon oben angedeutet, daß die Geltung dieser also eingeschränkten Wahrheit ziemlich weit reichte und in ältester Zeit wohl nur das alltägliche Zwiegespräch und Hausgeplauder nicht mit umfaßte, weil damals die Griechen für jede Art öffentlichen Vortrages eben nur das Singen und nicht das Sagen in Anwendung brachten. Auch hätten sie letzteres in ihren Volksversammlungen auf offenem Markte gar nicht gebrauchen können; denn heute noch gibt es, um sich in sehr großen Räumen oder gar im Freien vielen Tausenden verständlich zu machen, nur Ein Mittel: je nach der Ausdehnung des Kreises den die Stimme zu füllen hat, die Vocale desto länger auf einem Ton anzuhalten, d. h. zu singen. Eine Sprache aber, die auch im ungesungenen Vortrag ein anderes Gesetz des Rhythmus befolgte, als das der Betonung nach dem Gedankengewicht der Sylben, kann es unter vernünftigen Menschen niemals gegeben haben.

Uebrigens irrete schon jene Metriker, und irret Uns noch mehr, auch ein anderer Umstand.

Es ist für viele neuere Sprachen erweislich, daß sich ihre Accentuation im Lauf eines halben Jahrtausends erheblich verändert hat, und zwar verändert mit der grammatischen Denkweise. Die Veränderung in der Betonung der griechischen im Lauf des weit größeren Zeitraums von Homer bis zur ersten Bezeichnung der Accente durch die Schrift ist sicherlich keine geringere gewesen. So darf man denn kaum zweifeln, daß diese Accente über dem homerischen Text recht oft unrichtig stehn und daß die Wortbetonung mit der Versbetonung ursprünglich öfter zusammengetroffen sein wird.

Endlich aber ist auch diese, doch noch halbrichtige antike Metrik nicht unmittelbar auf uns gekommen. Sie hat auf dem Wege zu uns noch eine zweite und stärkere Verdunkelung erleiden müssen.

Dem ganzen Mittelalter haben die lateinischen Dichter als Muster gegolten. Diese trostloseste aller Epochen der Menschengeschichte ging in ihrer leidenschaftlichen Vorliebe für jede Art von Unnatur so weit, daß sie Homer weit unter Virgil stellte, welcher die Odyssee rein äußerlich nachgeformt und von der Bestimmung des Epos und den technischen Mitteln, sie zu erfüllen, von der Bedingtheit seiner Architectur durch ein inneres Kunstgesetz, nicht die geringste Ahnung gehabt hatte.

Diese römischen Dilettanten und Nachahmer, unter denen es nicht an artigen Talentchen wie Horaz und bedeutenden Talenten wie Ovid, wohl aber an einem Schöpfer lebendiger Poesie durchaus gefehlt hat, haben jene halbwahren Regeln der griechischen Metriker in ihren Poemen wirklich zu einer ganzen Wahrheit gemacht. Sie mißbrauchten die ausländische poetische Form dazu, in ihr — Lesebücher zu schreiben. Doch ist es ihnen wirklich gelungen, die Erfüllung jener Vorschriften, deren musikalischer Ursprung längst vergessen war, ihrer schönen Sprache abzugewinnen ohne ihr die Gliedmaaßen auszurenken und verkrüppeln, wie es später der deutschen durch den Reim geschehn sollte, ja sogar ohne einer gleich großen Discrepanz zu verfallen zwischen Verston und Betonung nach dem Gedankengewicht wie ihre griechischen Muster. Aber um das zu erreichen haben sie ein weit schwereres Opfer bringen müssen: das Opfer der natürlichen, vernünftigen und sonst gebräuchlichen Wortfolge. Wir haben uns allmälig gewöhnt an die Ungeheuerlichkeiten ihrer Wortstellung; man hat es uns so lange eingetrichtert, sie sei schön, bis wir zuletzt daran glaubten. Wir haben es, wenn auch nach unendlicher Mühe, gelernt, die zusammengehörigen Worte der lateinischen Dichter aus ihrer widersinnigen Zerstreuung zusammenzusuchen, da auch dieser Widersinn seine Methode hat, aber nur zusammenzusuchen mit den Augen. Daß die populäre Wortstellung eine andere war sehn wir aus vielen Scenen der Komödie; daß mit ihr auch diejenige der Vornehmsten nnd Gebildetsten im Wesentlichen übereintraf, aus den erfundenen, aber wahr erfundenen Reden bei Livius, dem einzigen wirklich großen und originellen, wenn auch in Prosa schreibenden Poeten den Rom hervorgebracht. Auf diese Belege gestützt darf man wetten, daß Römer mit unverbildetem Sprachsinn jene gelehrten Verse höchst verwunderlich gefunden und eine Menge derselben als Zuhörer gewiß nicht verstanden haben würden. Das aber ist die fürnehmste Regel des epischen Styls: verständlich zu sein von einmaligem Hören.

5.

Das vorzüglichste Kunstmittel für die Bestimmung des Epos und das Bedürfniß des Rhapsoden, den Stabvers, haben die Germanen ausgebildet.

Die Erfindung seiner Elemente darf man ihnen schwerlich zuschreiben. Der Vers hat mit dem rhythmisch etwas strengeren Slokas offenbar ein älteres arisches Vorbild gemein, und auch seinen Klangschmuck, der zugleich seine Gedächtnißhafte bildet, den Stabreim, scheinen unsere Vorfahren aus einer früheren Heimath im Osten mitgebracht zu haben. Denn wir finden die Allitteration mit Bewußtsein angewendet in den volksmundartlichen Lustspielen der römischen Komiker, ebenso bei griechischen Dichtern, namentlich bei Sophokles *). Wie schon oben erwähnt kommt sie auch bei Homer vor, und während große Strecken fast leer von ihr sind, an einzelnen Stellen so gehäuft, daß man glauben könnte, hier habe der Poet den Stoff geschöpft aus älteren Liedern in Allitterationsversen. Die Kenntniß der Allitteration scheint also in vorhomerischer Zeit den Vorfahren der Hellenen, Lateiner und Germanen gemeinsam gewesen zu sein.

---

*) Vgl. meine Uebersetzung der Tragödien des Sophokles, Berlin, G. Reimer, 1862, in welcher die allitterirenden Verse nachgebildet und in der Regel in den betr. Anmerkungen erwähnt sind.

Nr.	Auftact.	1ter Tact.
1		ha -
2		paet wae
3	ne paer	nae -
4	and	Hi -
5		heaı
6		me - tod
7	pa him	Hrod - ga
8		helm
9		i - re
10	on	fag
11	ac on-	wac - nı
12	mid	Froncum ic
13		pıı
14	min	hear - ra pun
15	va - ra	sandr ne
16		gap var
17	dat ga-	fre-gin ih
18		Phol en - d
19	do wart demo	Bal - de - re
20		ben zi
21		bre - ton si -
22	dat du noh bi	de - se - m
23	der dir nu	wi - ges
24		en - ti vu
25	thiu	i - dis was
26	Ik mag iu	tel - li - aı

2ter Tact.	Mittel-Auftact.	3ter Tact.	4ter Tact.	Dichtung und Dialect.
hyl-do	þy ic þe	hy-ran ne	cann	Caedmon. angelf.
sáer	ne	sva-lar	un-nir	Edda, Völu-Spå altnordisch.
ginnunga	enn	gras	hvergi	ebd.
fi-ra-him		fi-ri-wiz-zo	meista	Wessobrunner Gebet altdeutsch.
Wodan		vuorun zi	hol-za	2 Merseb. Zauberspruch altdeutsch.
vo-lon	sin	vuoz bi-	renkit	ebd.
be-na		blaot zi	bluoda	ebd.
bill-ju	ed< do ik	i-mo ti	banin werdan	Hildebrandslied altdeutsch.
ri-che		recke-o ni	wur-ti	ebd.
war-ne	nu dih es so	wël	lus-tit	ebd.
en-ti luft	iz	al-laz ar-	fur-pit	Muspilli altdeutsch.
fan-gan	an	far-le-	garnis-se	Heliant altdeutsch, (sächsisch).
quat hie	that noh	wir-dit thiu	tid coman	ebd.

Doch bekümmern wir uns vorläufig um den Stabreim noch gar nicht, um erst den **Vers** für sich allein zu betrachten. Wem ernstlich daran liegt, mit dem **rhythmischen** Gesetze dieses Verses vertraut zu werden, der lasse sich die Mühe nicht verdrießen, die 26 angelsächsischen, altnordischen und altdeutschen Verse auf der nebenstehenden Tabelle einige male laut zu lesen nach Anleitung der darüber gesetzten Noten, Pausen und Accente. Einer besonderen Erklärung bedürfen diese Zeichen wohl nicht. Ich will nur bemerken, erstens, daß jede Note eine Sylbe bezeichnet, also auch z. B. ea, eo, iu, uo u. s. w. als Diphthonge zu sprechen sind; zweitens daß die Noten lediglich das Verhältniß der Zeitwerthe der Sylben angeben sollen, durchaus nicht etwa das Tempo für den zusammenhängenden Vortrag; denn um dieses vorzuschreiben würde, abgesehn von der erforderlichen absoluten Zeitbestimmung, etwa des Viertels, der ganze Vers weit zweckmäßiger als nur zwei Tacte von vier Vierteln, ungefähr im gewöhnlichen Andante, zu behandeln sein. Außerdem hätten, für den Vortrag im Zusammenhang, auch die Auftacte am Anfang und in der Mitte innerhalb der Tacte ihre Stelle zu finden, da die Zeit für sie bei der wirklichen Recitation durch die Pausen am Ende der jevorigen Langzeile und in der Cäsur gewonnen wird. Hier kam es aber darauf an, die Verse als Individuen zu kennzeichnen und die Glieder durch Auseinanderhalten zu verdeutlichen, mit welchen, beim ausgeführten Reigen, Halbverse sowohl als Langzeilen ineinander greifen. Im Beispiel 12 könnte die Richtigkeit der Analyse des 3ten und 4ten Tacts zweifelhaft erscheinen; allein eine Reihe ganz ähnlicher Verse, welche diesem unmittelbar folgen, gebieten die gewählte Eintheilung; denn zweite Hälften wie and mid Casere, and mid Leonum können nicht anders gelesen werden als

| ♪ ♪ | ♪ ♫ ♫ | und ♪ ♪ | ♪ ♫ ↸

Diese Beispiele geben zwar nur einen winzig kleinen Bruchtheil von der Zahl der wirklich vorkommenden rhythmischen Variationen des epischen Verses der Germanen; aber sie zeigen deren am weitesten von einander abweichende Formeln. Man wird nicht leicht auf eine Langzeile stoßen, die nicht wenigstens hälften- oder tactweise auf dieser Tabelle ihr Paradigma fände. Wo das doch durchaus nicht der Fall ist, da darf man den Text in Verdacht nehmen, oder urtheilen, daß der späte Dichter das Gesetz nicht mehr einhalten konnte oder wollte. Letzteres gilt sehr oft vom Heliant.

Wie schöne und regelrechte Stabverse seinem Verfasser auch noch gelingen, man merkt es überall, daß er nicht mehr vom Munde zum Ohr, sondern von der Feder zum Auge dichtete, daß, um mit ihm selbst zu reden, nicht mehr

<blockquote>settian endi singan endi seggean forth
Setzen und Singen und weiter sagen</blockquote>

sondern fingrôn scriban, mit den Fingern schreiben, seine Aufgabe ist. Wo er mit eignen Gedanken einleitet, hinzuerfindet, schafft, da ist meistens auch sein Vers klangvoll und gesetzmäßig; je mehr er aber dem Bibeltext folgt, desto regelloser überfluthen die Worte alle rhythmischen Dämme und allzuhäufig spottet dann der Text jedes Versuches, ihn in epische Langzeilen zu ordnen.

Beim Durchmustern der Tafel wird man zunächst wohl Das befremdlich finden, Sylben von diphthongischer Fülle in den Abfällen der Tacte und unter Noten von geringem Zeitwerth stehen zu sehen, wie — macre, Beispiel 1 Tact 2, oder gar im Anfangsauftact, wie ƀaer B. 3, und im Mittelauftact, wie sēalde B. 8, während e und ungedehntes a accentuirte Noten mit vollem und übervollem Zeitwerth haben, wie B. 6. T. 1. u. 3. Für die nämlichen Sylben beider Arten lassen sich aber Beispiele in Menge anführen, wo sie in gerade umgekehrter Zeitgeltung stehn.

Die germanischen Sprachen wissen eben durchaus Nichts von festen Längen und Kürzen. Auch die von Natur dünnsten Vocale können in die Hauptnote rücken und einen ganzen Tact allein füllen, wenn der mitzutheilende Gedanke in ihrer Sylbe gipfelt, auch die von Natur vollsten Vocale und Diphthonge zum beinahe zeitlosen Vorschlag oder Abfall herabgesetzt werden, wenn ihre Nachbarsylbe in gleichem Maaße Wichtigeres zu melden hat. Und das ist, trotz aller Schulmetrik, uneingeschränkt gültig geblieben bis auf den heutigen Tag. Unser spitzes *i* sieht doch gewiß einer gebornen Kürze täuschend ähnlich; dagegen wird man keinen Laut mehr als das au für die vollste und unzweifelhafteste unserer Längen zu halten geneigt sein. Gleichwohl sind wir, je nach dem Gedanken, eben so berechtigt zu setzen:

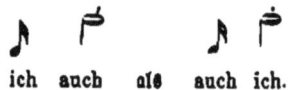

ich auch als auch ich.

Jede dieser Beispielzeilen sehen wir ferner bestehn aus zwei durch eine

Athempause getrennten zeitgleichen Hälften, für deren Bindemittel wir einstweilen noch taub und blind zu sein annehmen.

Jede Hälfte besteht wieder aus zwei Tacten, denen recht oft noch ein Auftact vorangeht von einer, zwei, drei und selbst vier Sylben. Der vierſylbige Auftact in B. 19. ſtellt dem Vortragenden eine harte Aufgabe und kann nicht eben ſchön genannt werden. Auch iſt mir die Richtigkeit des Textes an dieſer Stelle um ſo mehr verdächtig, als ſich das Stück zu dem dieſer Vers gehört, der zweite Merſeburger Zauberſpruch, im Uebrigen durch ſchöne und ſchlichte Rhythmik auf das Vortheilhafteſte auszeichnet (vergl. B. 18 u. 20). Indeß finden ſich auch in andern und rhythmiſch vorzüglichen Gedichten, wie im Hildebrandsliede, ſolche vierſylbige Auftacte (S. B. 22. Auftact der erſten, und B. 23. Auftact der zweiten Vershälfte. Den letzteren Vers werden wir noch näher zu betrachten haben). Im Heliant, der aber, wie bemerkt, nicht mehr maaßgebend iſt, finden ſich auch fünfſylbige Auftacte und es kommt vor, daß ſie einer Senkung unmittelbar folgen, mit dieſer zuſammen alſo eine ſechsſylbige Senkung bilden, z. B.

them | liudon af-ter them | lan-de || that sia su-li-ca | lu-gi-nu | woldun.

Die ſechsfache Senkung in dem Verſe aus Beowulf:
Hyrde ic þaet he done healsbeah Hygde gescalde
iſt nur eine ſcheinbare der Schrift; denn er wurde ungefähr ſo geſprochen:
Hýrdĕc þät hedön hälsbäh u. ſ. w.

Die einzelnen Tacte auf der Beiſpieltafel ſind von einander höchſt verſchieden; wir ſehn ihr Zeitmaaß bald zuſammengelegt auf nur eine Sylbe, bald auf zwei bis ſechs vertheilt. Eben ſo mannigfaltig und ſcheinbar regellos iſt die Aufeinanderfolge dieſer ſo verſchieden ausgefüllten Tacte, obwohl es dem aufmerkſamen Beobachter nicht entgehn wird, daß in einer Anzahl von Verſen die zweite Hälfte eine gewiſſe Symmetrie mit der erſten erſtrebt.

Und das ſollen Verſe ſein? darf da wohl fragen, wem nur die Schulmetrik bekannt iſt. Welches iſt denn ihr Versfuß? Im B. 1. ſind die T. 1, 3 u. 4, im B. 20 alle vier T. richtige Trochäen; im B. 15 wären T. 3 u. 4, den Vorſchlag mitgerechnet, Jamben, und B. 4 iſt ein richtiger vierfüßiger Jambus. B. 2. T. 1, 2 u. 3 ſind Dactylen, B. 24. T. 1 u. 2. Anapäſte, B. 18. Dactylen mit Trochäen abwechſelnd. Sieht man aber von den Tactstrichen ab, dann sind auch Molosse, Antispaste, Päone anzutreffen, kurz eine ganze Musterkarte von Versfüßen.

Ganz recht. Ueber sämmtliche zwei- drei- und viersylbigen Versfüße der antiken Metrik verfügt der altepische Vers der Germanen. Sie alle ohne Ausnahme kommen wirklich vor, ja, obendrein noch eine nicht unbeträchtliche Anzahl Combinationen die der antiken Poesie unbekannt sind. Ihm steht dadurch, allein rhythmisch, eine Mannigfaltigkeit zu Gebote, die schon ohne ihre Erhebung auf die zweite Potenz durch das hinzutretende Tonmittel, welches uns erst in einem folgenden Abschnitt beschäftigen soll, eine für die Praxis unendliche genannt werden kann und mehrere tausendmal so groß ist als die des Hexameters.

Und man wende nicht ein, daß er diesen Reichthum durch Regellosigkeit erkaufe. Denn seine Grundregel ist so unerschütterlich fest als einfach:

Der epische Vers erfordert vier Hebungen,

d. h. Sylben, welche wegen ihrer überwiegenden Bedeutung im Satze voll betont und in ihrem Vocale länger angehalten werden.

Weiter Nichts?

Nein, als unerläßlich weiter nichts.

Ich kenne zwar keinen Vers, der wirklich nur aus vier Hebungen besteht, und auch mir selbst ist in der Praxis der Fall nicht vorgekommen, einen solchen bilden zu dürfen. Aber die Theorie erlaubt ihn, und ich kann mir auch die Gelegenheit seiner ästhetischen Berechtigung sehr wohl vorstellen. Im zweiten noch unvollendeten Liede meiner Nibelunge, Hildebrants Heimkehr, kommt der einzige Vers mit drei unvermittelten Hebungen vor, den ich mich entsinne gebildet zu haben. Gelegentlich einer plötzlichen Nachricht, welche vermöge der Situation einen überwältigenden Eindruck auf den Helden machen muß, heißt es:

Hildebrants Herz stand still.

Wenn nun der Held einen einsylbigen Namen führte und etwa Holm hieße, so würde der Vers, im Zusammenhange, durch seinen schroffen Contrast und gerade durch die Härte seiner zusammenstoßenden, ohne Halte kaum scharf zu articulirenden Consonanten, eine ganz vorzüglich passende, ausnahmsweise Wirkung thun, auch wenn er lautete:

Holm's Herz stand still.

Auch auf der Beispieltafel sieht man die Hebungen mehrmals unvermittelt neben einander stehn; so deren zwei: B. 5. T. 1 u. 2, B. 9. T. 2 u. 3, B. 11. T. 2 u. 3, B. 13. T. 1 u. 2, B. 16. T. 3. u. 4; so deren drei im B. 10. T. 2, 3 u. 4. Dieser letztere Vers:

on fagne flor feond treddode

d. h. auf die mehrfarbige Flur (die braune mit Blumen geschmückte Heide) trat der Feind, bezieht sich auf das erste Erscheinen des grausigen Ungethümes Grendel, durch dessen Erlegung der Held Beowulf seinen Hauptruhm gewinnt. So verräth er denn schon, mit meinem obigen Beispiel zusammengehalten, daß für solche Häufung der Hebungen der Inhalt einen Anlaß geben muß, indem er eine Empfindung weckt, welche treffend symbolisirt wird durch das unvermittelte Ausstoßen voller Haupttöne ohne zwischenliegende Senkung zum Ausruhn von der immer neuen und gesteigerten Anstrengung. Zum Belege dessen mögen hier noch einige Beispiele stehn aus der Sigfridsage in denen der Text selbst hinlänglich erkennen läßt, welchem Zwecke die unvermittelte Folge zweier Hebungen dienstbar ist.

Sigfridsage Th. I. Ges. 2, Seite 42:

... Da stürzt röchelnd
Niblung nieder.

I. G. 12, S. 253:

... Die Segel rauschten
Die Maste hinauf; der Athem des Morgens
Machte sie schwellen; das Schiff schwankte.

II. G. 24, S 381:

Doch verbietend alsbald biß sie die Lippe
Die zu Lauten entlassen ein Lob der Feindin.

Immer also bleibt die unvermittelte Folge der Hebungen in der Praxis eine Ausnahme, zu welcher stets erst der Inhalt die Erlaubniß schaffen muß. Demnach lautet die zweite Regel:

Diese vier Hebungen wechseln ab mit Senkungen, d. h. Sylben deren Bedeutung im Satz geringer ist, die deshalb nicht, schwach, oder doch weniger betont, und deren Vocale kürzere Zeit angehalten werden.

Ihre Zahl schwankt von 0 bis zum 5fachen der Hebungen; doch sind beide Grenzen, die untere wie die obere, für den ganzen Vers theoretisch, sofern außer meinem obigen, für den Zweck dieser Darstellung erkünstelten, bisher kein Vers ohne Senkungen vorkommt, und einer mit deren zwanzigen mir wenigstens nicht bekannt ist. Ihre geringste Zahl ist in der Regel, nämlich abgesehen von jenen Fällen wo sie zum Zweck besonderer Gegenstands- Ton- oder Stimmungsmalerei fehlen dürfen, die gleiche der Hebungen, wie B. 20. Der ästhetische Dienst, den ihre Verminderung oder Vermehrung zu leisten hat, ist schon aus jenen Ausnahmefällen ihres Fehlens erkennbar. Wie dieses einen absichtlich schleppenden, stoßweisen, gehinderten Gang bewirkt, schweres Athmen und beklommene Stimmung ausdrückt: so wirkt ihre Gleichzahl mit den Hebungen durch die Gleichmäßigkeit des Fortschritts beruhigend, z. B. (Hildebrandslied)

er fragēn gistuont

io - hēm | wor-tun || hwer sin | fa - ter | wa - ri

(Er begann zu fragen mit wenigen Worten wer sein Vater wäre); und ebendas.

| prut in | bu - re | barn un | wah-san

[Er verließ....] eine junge Gemahlin im Gemach, einen Knaben unerwachsen.

Die Vermehrung der Senkungen wirkt erregend, symbolisirt eine lebhaftere Bewegung, eine mehr heitere oder auch leidenschaftlicher bewegte Stimmung z. B. ebendas.

Ga - ru - tun se i - ro | gud-ha-mun | gur-tun sih | swert a - na

Das Maximum von Senkungen das mir in der Praxis vorgekommen ist, sind vier hinter einander. Ihren ästhetischen Dienst erklärt wieder der Vers selbst Sigfrids. I. 8, S. 258. Die Nixen . . .

Plätscherten mit den Schweifen und plauderten geschwätzig.

Als ein Meisterstück der feinsten Stimmungsmalerei durch beide Mittel zugleich betrachte man B. 23 der Tabelle.

Hildebrant hat den Kampf mit seinem Sohn Hadubrant zu vermeiden gesucht. Er hat ihm angedeutet, sie seien nahe Verwandte; Er hat ihm die goldenen Armringe freiwillig geschenkt die seine Raub- und Kampflust steigern könnten. Das Alles aber hilft nichts, den ungestümen jungen

Mann zu beschwichten. Da gibt er sich ihm zu erkennen als sein Vater. Das steht zwar nicht im erhaltenen Text; aber es ist mir völlig unzweifelhaft, daß in der deutlichen Lücke sowohl dies gestanden haben muß, als eine Antwort Habubrants des Inhalts: Du lügst; Du bist nicht mein Vater, sondern ein Feigling der es vorgibt, um nicht mit mir zu kämpfen. Da bricht der Alte aus in seinen Wehruf. Nach einer solchen Beschuldigung sei der Kampf nicht mehr zu vermeiden; nun müsse das Schreckliche geschehn, entweder werde ihn nach so vielen Fahrten und glücklich überstandenen Kämpfen der eigne Sohn mit Schwert oder Streitart niederstrecken, oder er dessen Mörder werden. Aber nach solchem anders nicht mehr auszulöschenden Schimpf, meint er, müßte ich wirklich der Feigste der Ostmänner sein, um dir ferner den Kampf zu verweigern (wiges warne). Diese Stimmung nun der aufsprudelnden und selbst den Damm der Vaterliebe durchbrechenden gekränkten Ehre und Kampfbegier, zugleich der schmerzliche Hohn, daß der Sohn wie berauscht ist von Streitlust gegen den Vater, malt sich überaus treffend in der Rhythmik des Verses. Drei rasche Senkungen im Auftact leiten zwei ernste Trochäen ein, und in vier Senkungen im Auftact der zweiten Hälfte (von denen übrigens die eine dih mit einem Nebenaccent zu sprechen ist) springt dann der Vers zornig an, um plötzlich wie aufseufzend zu stocken bei zwei unvermittelten Hebungen. Ich frage, ist das nicht eine Sprachkunst von bewundernswürdiger Feinheit und Vollendung? Und dennoch konnten wir viele Jahrhunderte hindurch so unverzeihlich dumm sein, der nichtswürdigen Lüge zu glauben, daß unsere Vorväter, die solche Poeten erzogen und verstanden, dennoch Barbaren gewesen seien!

Dieser weite Spielraum für den Gebrauch der Senkungen an allen Stellen, so vor als zwischen den festen Hebungen, ist eine Haupttugend unseres epischen Verses. Aus dieser Eigenschaft schöpft er die unendliche Mannigfaltigkeit seiner Rhythmik. Sie befähigt ihn, jedes gebräuchliche oder erdenkbare Versmaaß nachzuahmen und durch diesen unerschöpflichen Reichthum metrischer Formen jedes Geschehen, ob es nun in der Natur, ob es im Herzen des Menschen als Empfindung, ob es zwischen mehreren Personen, in Liebe oder Haß, in einigem Zusammenwirken oder im Streit und wüthenden Kampf sich zutrage, mit der angemessensten Bewegung characteristisch zu begleiten, kurz, wie es einer meiner Wiener Kritiker in wenigen Worten völlig erschöpfend ausgedrückt hat: „Alles in seinem eignen Pulsschlag wiederzugeben."

6.

Auf einen Theil des Reichthums, den diese germanische Rhythmik auch außerhalb des epischen Viertacts zur Verfügung stellt, hat die deutsche Poesie zeitweise verzichtet. Ihr gänzlich untreu geworden ist sie aber niemals, auch wo sie das thun wollte und zu thun glaubte; nicht einmal im Steifleinenschritt der streng jambischen Vierzeile, die sich allerdings der äußerstmöglichen Enthaltsamkeit von den Mitteln rhythmischer Wirkung befleißigt und deren zwar längst das Publicum, aber die modernen Lyriker noch immer nicht überdrüssig geworden sind, auch nachdem H. Heine diesen Bann auf das Glücklichste gebrochen hatte.

Auch die neuere Poesie verdankt ihre schönsten Effecte ihren gelegentlichen Treulosigkeiten gegen die sylbenmessende Verslehre zu Gunsten des eingebornen Gesetzes. So weiß namentlich Schiller das freiwillig auf den Nacken genommene Joch der importirten Regel mit wundervoller Sicherheit abzuschütteln, um die prachtvollste Tonmalerei, die tiefsinnigste Lautsymbolik zu gewinnen.

So ist z. B. die Strophenregel seines „Taucher" für die vierte Zeile mit geringfügigen Varianten:

aber er schreibt: ⏑ ⏋ ⏑ ⏋ ⏑ ⏋ ⏑ ⏋ nämlich,

Und Fluth auf Fluth sich ohn' En-de drängt

Aehnlich ist die Strophenregel für die sechste Zeile:

aber er schreibt den Schlußvers mit zwei unvermittelten Hebungen:

Den Jüngling bringt kei-nes wieder.

In „die Macht des Gesanges", ist die Strophenregel einfach jambisch; aber er schreibt

Bergtrümmer folgen seinen Güssen.

Von allerhöchster Merkwürdigkeit für unsere Betrachtung ist aber Schillers Bühnenjambus. Für ihn walten zwei Gesetze zugleich, das fremde und das einheimische.

Mit dem ersteren sucht sich der Dichter abzufinden so gut es eben geht. Er erfüllt es äußerlich, als eine hergebrachte Nothwendigkeit, durch Einhaltung der vorgeschriebenen Zahl der Sylben, durch Annäherung ihres Wechsels an die vorgeschriebenen Quantitäten, wiewohl er sich kein Gewissen daraus macht, in beiden Beziehungen ziemlich oft und ziemlich weit über die Schnur zu hauen, und allemal mit schönstem Erfolg.

Vor dem zweiten, dem eingeborenen, muß das erstere im Fall des Conflictes unweigerlich zurücktreten. Zur strengen und ausnahmslosen Befolgung desselben hat der Dichter einer bewußten Absicht, eines besonderen Willensactes eben so wenig bedurft, als das Spiel unserer Athemwerkzeuge der Leitung durch das Gehirn bedarf, da es im Schlaf sogar noch regelmäßiger vor sich geht.

Daß man das Publicum bald ermüdet, ja, unerträglich wird, wenn man wirklich durchweg den Jambus zur Geltung zu bringen versucht, das haben die meisten unserer Schauspieler in Erfahrung gebracht. Aber auch wenn sie den Vers in eine wunderliche Prosa zerhacken schüttelt das Publikum den Kopf; es will sich nicht hinreißen lassen; die Empfindung bleibt nicht aus, daß auch Das unmöglich die rechte Behandlung eines vom Dichter in poetische Form gegossenen Textes sein könne. So tasten denn fast alle, und unter ihnen sehr hervorragende Schauspieler, schwankend umher in der Mitte zwischen diesen beiden Fehlern. Zuweilen treffen sie auch das Richtige, namentlich in solchen Scenen, wo die dramatische Bewegung so heftig, die Leidenschaft so gewaltig wird, daß dem Darsteller kein Moment mehr übrig bleibt zu einem Gedanken an die Regel. Da kommt dann der Geist der Sprache über ihn. Sein improvisatorischer Instinct wird befreit von der Verdunkelung durch eine falsche Metrik; er ist nun selbst nichts anderes, als ein lebendiges Exemplar vom ewigen Gesetz dieser Sprache und kann gar nicht anders, als dasselbe erfüllen. Aber solche Momente erlauben keine Selbstbeobachtung. So geht denn das Tappen im Dunkeln wieder los, sobald sie vorüber sind. Aus dem glücklichen Funde des Augenblicks wird keine künstlerische Methode, die den richtigen Vortrag überall sichert.

Ich habe einigen Schauspielern das Geheimniß mitgetheilt, wie man das Ei zum Stehen bringt. Sobald sie es begriffen hatten, war ihr Vortrag verwandelt wie das Kriechen der Raupe in den Flug des Schmetterlings. Ich könnte Talente namhaft machen, die sich unmittelbar danach rasch emporgeschwungen haben zu berühmten Darstellern oder eben jetzt auf dem beften Wege dahin find. Hieher gehört es nur in fo weit, als es zufammentrifft mit der Rhythmik des epifchen Verfes, während die volle Anleitung zum Vortrag u. A. auch die nicht ganz einfache Lehre von der Abftufung der Haupttöne und vom Nebenton einfchließen müßte.

Schillers Bühnenvers ift unter der leichten Oberhülle eines fünffüßigen Jambus feinem Rhythmus nach in Wahrheit identifch mit dem epifchen Verfe der Germanen und unterfcheidet fich von diefem lediglich dadurch, daß die Symmetrie feiner Tactzahl wechfelt, daß nicht ftets vier Hebungen, fondern zwei bis vier feine Gruppen bilden.

Die erften Verfe Domingos im Don Carlos darf man, auch abgefehen von der nur fcheinbaren Sechsfüßigkeit des zweiten, durchaus nicht fo fprechen:

Die fchö | nen Ta | ge in | Aran | juez | u. f. w.

fondern hat fie fo vorzutragen

Die fchö-nen Ta-ge in A-ran-ju-ez

Sind nun zu En-de. Eu-re kö-nig-li-che Ho-heit

Ver-laf-fen es nicht hei-te-rer.

Wir find ver-ge-bens hier ge-we-fen.

Bre-chen Sie dies räth-fel-haf-te Schweigen.

Oeff-nen Sie Ihr Herz dem Va-ter-her-zen, Prinz.

Die folgenden des Carlos Act V. Auftr. 4 fo:

Ich fra-ge gibt es kei-nen Gott?

So lan-ge Müt-ter ge-bo-ren ha-ben

Ist nur Ei-ner Ei-ner

So un-ver-dient ge-stor-ben.

Weißt du auch was du ge-than hast?

Nein, er weiß es nicht,

Weiß nicht daß er ein Le-ben

Hat ge-stoh-len aus die-ser Welt

Das wich-ti-ger und eb-ler und theu-rer war

Als er mit sei-nem gan-zen Jahr-hun-dert.

Nur für einige Stellen in der „Jungfrau von Orleans" und „Braut von Messina", nämlich wo Schiller Trimeter gesetzt und die wichtigste Eigenheit ihres Tonfalls meist verfehlt hat, muß der Vortragende die hier illustrirte Regel in etwas modificiren, um den beabsichtigten feierlichen Wechsel zu Gehör zu bringen. Im Uebrigen aber ist dies Accentgesetz nicht nur durchweg anwendbar auf alle seine jambischen Stücke, sondern jede andere Art des Vortrages ist für jeden ihrer Verse positiv falsch.

Minder leicht und nicht immer, aber doch schon großentheils fügt sich diesem Rhythmus der Bühnenvers Lessings; weniger und recht oft gar nicht der Jambus Goethes, welcher in gleichem Maaße das antike Gesetz der Quantitäten näher, glatter und volltöniger erfüllt, als er schon in seiner Textur, vom Zusammenhang abgesehn, weniger dramatisch gekörnt und bewegt ist. Dagegen gilt obige Regel fast durchweg auch für den ersten Theil des Faust.

Einen großen und epochemachenden Fortschritt in der Rückkehr zur germanischen Rhythmik bezeichnet die Lieblingsstrophe Heines für seine Lieder, die man eine glückliche Variation einer halben Nibelungenstrophe nennen darf. Ihr Reim ist oft unstreng, aber eben dadurch entweder höchst natürlich, oder barock witzig. Ihren Tonfall hat man vom metrischen Standpunkt nachläsfig und salopp gescholten, obwohl es bekannt ist, daß der Dichter ihn keineswegs aus dem Aermel geschüttelt, sondern ihm die unverdrossene Arbeit vielmaligen Umgusses und rastlosen Feilens gewidmet hat. Um die feinfühlige Sorgfalt und Sauberkeit im Schliff dieser Strophe vollständig zu würdigen, muß man erst erkannt haben, daß die Regel, die er dabei in aller Strenge beobachtet, nichts anderes ist, als eben das rhythmische Gesetz das uns hier beschäftigt.

Den vollsten und reinsten Wohllaut aber, den unsere neuere Poesie überhaupt erreicht hat, entfaltet ebenfalls Heine in den reimlosen und scheinbar regellosen „Nordseebildern" seines Buchs der Lieder. Ich kenne in modernen Gedichten keinen schmiegsameren Rhythmus, keine mundgerechtere Anordnung der Consonanten, keine Vocalisation, deren Wechsel und melodische Folge mit gleich feinem Verständniß für die Redestimme und für das Ohr berechnet ist, keine Wortfügung die mit gleicher Kraft des Ausdrucks einen so härtelosen Schmelz vereinigt, kurz, kein Poëm das vermöge seiner Form der Kunst des Vortrages eine gleich dankbare Aufgabe stellt und es ihr in gleichem Grade möglich macht, schon allein durch die Sprachmusik den Hörer zu entzücken.

Und welches ist nun ihre Form? Man betrachte drei Zeilen, und man hat die Antwort:

Glück-lich der	Mann der den	Ha-fen er-	reicht hat
Und hin-ter sich	ließ das	Meer und die	Stür-me
Und je-ho	warm und	ru-hig	si-het
Im gu-ten	Raths-	kel-ler von	Bremen.

Heine selbst hat noch kein Bewußtsein des Erreichten und ist auch deshalb nicht gesichert vor häufigen Ausschritten vom glücklich getroffenen rechten Wege. Aber wie die Magnetkraft der Erde die Kompaßnadel aus allen Schwankungen zur Nordweisung zurückzieht, so waltet richtunggebend im sichern Instinct des Poeten der unsterbliche Sprachgeist. Was wir in diesen wundersamen und durchaus vorbildlosen Gedichten beobachten ist das Erwachen dieses Geistes zum Bewußtsein des ureignen rhythmischen Gesetzes. In ihnen ist die deutsche Sprache, nach tausendjähriger Irrfahrt in der Fremde, endlich heimgekehrt und angelangt beim epischen Verse der Germanen. Vollständig angelangt? Nein.

Durch alle diese Elegieen —wenn man doch eine Benennung für das ureigne, erstmalig so vorhandene wählen soll — geht ein Zug namenloser Sehnsucht nach Verlorenem, Unerreichbarem, nach einer Wiederkehr der verbannten Götter der Schönheit und Kraft. Nur der Schmerz über die schwindelweite Ferne in welcher das verlorene Paradies traumhaft unbestimmt aufdämmert, läßt ihren schmelzenden Klagelaut umschlagen in stürmisches Fordern, in Titanentrotz der sich die Brandung des Meeres zur Stimme borgt, um mit dem Himmel zu grollen, dann aber jählings auszubrechen in den gellen Aufschrei des tollsten Humors.

Und dieser Grundton des Inhalts klagt ungewollt auch aus der Form als empfundenes Fehlen einer letzten Vollendung, als ein Suchen, dem sein Gegenstand geheimnißvoll ist, als ein Tasten ohne Hoffnung welches in der That nicht ganz vergeblich und im Erfolg doch vergeblich ist. Denn mehr denn einmal ergreifen die tastenden Hände das Gesuchte wirklich. Aber das gefundene Kleinod bleibt unerkannt. So lassen sie es achtlos wieder fallen. Der Poet hat sich glücklich Bahn gebrochen durch den dornigen Außensaum des heimischen Urwaldes. Seiner Wipfel heiliges Rauschen ist ihm schon zur Tonart des Liedes geworden. Indem er sie singt muß er doch zugleich lauschen; denn er vermißt noch etwas; doch was es sei, das weiß er selbst nicht zu sagen. Horch! Ist es das? — Nein! — denkt er, das war nur das täuschende Spiel eines neckischen Echos. Und es war dennoch ein Lockruf des redenden Vogels auf dem klingenden Baum des Märchenhaines und lautete also:

> Was zögerst und zagst du, dem Ziel so nahe?
> Du stehst vor dem Dicticht wo Dornröschen schlummert
> Und wer sie erweckt, der erwirbt sie zur Braut.

Aber er versteht nicht den redenden Vogel und kehrt wieder um. Unwillkürlich nachahmend läßt er in seinem Liede etliche Noten anklingen von der wunderstarken Zaubermusik, auf deren vollen Akkord jene Götter der Schönheit und Kraft nur warten, um alsbald in lichten Schaaren heimzukehren aus ihrem Exil. Doch ein Etwas fehlt ihm, und ein Bann schließt sein Ohr; er kann die Weise nicht wiederholen.

Den epischen Vers der Germanen hatte Heine wiedergefunden; aber zur vollen Harmonie der Begleitung fehlte ihm noch das Hauptinstrument: sein Stabreim.

7.

Stabreimend oder allitterirend ist ein Vers oder eine Versgruppe, wenn darin zwei oder mehrere Hebungen mit demselben oder doch für das Ohr gleichwerthigen Consonanten oder Doppelconsonanten beginnen. Z. B.

Einfache Consonanz:
Hildebr. L.   er furlēt in lante luttila sitten
Nibelunge. Vorgesang.   Da sanken die Säulen des Sonnenlenkers.

Doppelte Consonanz:
Beowulf   oft scyld sceefing sceaþena þreatum
Sigfridsage.   Den Brautritt vollbrachte und Brunhild weckte.

Es ist weder eine Ausnahme, noch, strenggenommen, eine Erweiterung dieser Definition, wenn ich hinzufüge, daß auch die Vocale wirksam allitteriren, und zwar nicht nur die gleichen Vocale, da die zwei- und dreimalige Wiederholung genau desselben in der Regel sogar vermieden wird, sondern ohne Unterschied jeder Vocal oder Diphtong mit jedem andern. Z. B.

Beow.   hu da aeþelingas ellen fremedon
Hildebr. L.   ibu du mi ēnan sagēs ik mi de ōdre wēt.
Sigfr. S.   Einst das Ufer des Eilands aufstieg.

Die Vocale und Diphtonge üben diese Wirkung in Wahrheit nicht vermöge ihrer Eigenschaft, Vocale zu sein; denn als solche können sie nur Assonanzen bilden (welche im epischen Verse allerdings auch eine nicht unwichtige Nebenrolle spielen); sondern lediglich vermöge des Umstandes, daß der Germane, ganz wie der Grieche, keinen Vocal, auch nicht wenn er am Anfang der Sylbe oder allein steht, auszusprechen vermag ohne einen leisen, aber deutlichen Vorhauch, der für alle Vocale genau der nämliche ist. Dieser, von den Germanen nicht geschriebene, von den Griechen als spiritus lenis angedeutete Consonant ist das Allitterirende der Vocale.

Dieser unsichtbare Consonant ist zugleich, um das beiläufig zu erwähnen, der Grund, weshalb die Forderung, den sogenannten Hiatus überall zu vermeiden, der Natur der deutschen Sprache zuwiderläuft und von ihr in hundert Sprüchen, Wortbildungen und stehenden Wortverbindungen auf das Deutlichste verworfen wird. Sie ist eine fremdländische, aus Mißverstand eingeschwärzte Regel, deren Beobachtung durch Elision und Apostrophe, mit Ausnahme einiger vom Sprachgebrauch gebilligten Fälle, weit ärgerere Härten erzeugt als die meist nur angeblichen die man damit vermeiden will. Einen eigentlichen Hiatus macht jener ungeschriebene Vorschlagsconsonant ganz unmöglich. Auf einem Tongesetz und einer Articulationsschwierigkeit ganz anderer Art, die ich hier nicht erörtern kann, beruht der allerdings verpönte Uebelklang, welcher in seltenen Fällen entstehen kann durch unmittelbare Wiederholung genau desselben Vocals. Die mit demselben Zeichen geschriebenen sind aber keineswegs immer dieselben. Wir haben nur fünf einfache Vocalzeichen, aber mindestens fünf und zwanzig verschiedene Vocale, ja, genau betrachtet, noch sehr viel mehr. Jedes Zeichen verwenden wir für eine Gruppe von gemeinsamer Klangfarbe, aber jede dieser Gruppen umfaßt eine Mehrzahl deutlich unterschiedener Stufen. Zwei Mitglieder derselben Gruppe dürfen noch unbeschadet zusammentreffen; nur dann entsteht der verpönte Uebelklang, wenn sie zugleich auf derselben Stufe stehn, wenn ihre Noten dieselbe Tonhöhe haben. Solche Mißtöne wären z. B.: Sie Igel; See eher; du Uhu, — während: Sie irren; See Ecke; du Unhold, — ohne Anstoß und Uebelklang auszusprechen sind. —

Um einen richtigen Stabreim zu bilden brauchen die gleichanlautenden Sylben nicht gerade Wortanfänge zu sein, und Wortanfänge mit gleichen Consonanten allitteriren gar nicht, wenn sie nicht zugleich den Hauptton des Wortes tragen. So bilden z. B. Rose — Rubin, willkommen — Wunder, keine Allitteration, wohl aber thäten es französisch rúbis und róse, und thun es im Deutschen Rubín — Baumstamm, willkómmen — König. Dies Gesetz wird von den Uebersetzern alter allitterirender Dichtungen so häufig übertreten, daß man ihre Absicht, Stabverse zu schreiben, oft nur mit den Augen ermitteln kann. Aus folgendem Verse z. B. (Simrock, Edda, Hyndlulied 42, 3).

Am britten Morgen, und all beiner Reben
kann kein Ohr eine Allitteration heraus hören, und selbst das Auge muß
eine Weile suchen, bevor man darauf kommt daß „britten" und „beiner"
allitteriren sollen weil beide mit d anfangen. Denn ganz abgesehen davon
daß d und dr für Uns keinen Stabreim mehr bilden, erlaubt es der Sinn
der Strophe durchaus nicht, das Wort „beiner" wie im possessiven Gegensatz zu betonen, und man darf nur lesen:

$$\acute{\smile} \;\; \acute{\frown} \;\; \smile \;\; \smile \;\; \acute{\frown} \;\; \smile$$

und all bei - ner Re - ben.

Das Wort „zauberzornig" oder „Zauberzorne" als Dativ, würde richtig
allitteriren; aber der Nominativ „Zauberzorn" allitterirt nicht mehr, weil
hier die Sylbe zorn trotz all ihrer Fülle nach dem Compositionsgesetz der
Sprache an Ton überwogen wird von Zau, daher nur gesprochen werden darf

$$\acute{\frown} \;\; \smile \;\; \frown$$ So brauchte der Vers (ebb. Skirnisför 33, 4)

Der Götter Zauberzorn

um falsch zu sein, nicht noch gegen eine andere Hauptregel zu verstoßen, von
welcher weiter unten die Rede sein soll.

Richtig gebildete Stabverse dagegen durchdringen sogleich die Empfindung mit ihrem Gesetz, lange bevor es der Verstand nur entdeckt, geschweige
denn begriffen hat. Nicht leicht wird man ein Ohr finden, stumpf genug,
um nicht unmittelbar gewonnen zu werden von der Musik der folgenden
Verszeile, die ich aus dem Nibelungenliede zu der Form herstelle, welche sie
ursprünglich gehabt hat

Daz liebe mit leide ze jungiste lone

oder der folgenden

Er furlet in lante luttila sitten,

auch wenn es beim erstmaligen Hören noch nicht entdecken sollte, daß diese
Musik bewirkt wird durch die dreimalige Wiederholung des Buchstaben L.
Der Hörer fühlt was er noch nicht weiß; ja, er wird schon angeflogen von
einer Ahnung des Zusammenstimmens dieser begleitenden Sprachmusik mit
dem Inhalt, auch wenn er das Altdeutsche nicht versteht und deshalb nicht
erkennen kann, wie passend, weil angeboren, die Worte sanfter Klage und
rührenden Bedauerns diese gelinden Laute mit L mit sich gebracht haben.

Nicht minder wird der Hörer die ganz andere, aber eben so passende Klangwirkung spüren, wenn in der kurzen Schilderung wie sich Hildebrant und Hadubrant zum Kampfe bereiten, ein schon oben zu anderem Zweck betrachteter Vers lautet:

garutun se iro gudhamun, gurtun sih swert ana;

wenn ferner in vier scharf ausgestoßenen, vocalisch anlautenden Hebungen trochäischen Tonfalls gesagt wird, wie Hildebrant wider Otacher über die Maaßen aufgebracht gewesen:

Êr was Ôtachre ummêt irri;

oder wenn die zischende scharf eindringende Doppelconsonanz SC dreimal wiederkehrt, wo das Gegeneinanderreiten mit eingelegten in die Schildzier sich einbohrenden Speeren berichtet wird:

scarpēn scurim dat in dem sciltim stuont;

oder endlich, wenn der Dichter die Saite der Pietät und Ehrfurcht vor dem Alter eines vielerfahrenen Helden in eben so schlichten als ergreifenden Worten anzuschlagen weiß mit einem Verse von unvergleichlicher Schönheit in welchem zwei Stäbe, s und w, einander abwechseln:

ih wallota sumaro enti wintro sehstic *)

Diesen Beispielen lasse ich noch einige neueste folgen, die sich denn freilich an vocalischer Klangfülle mit den älteren nicht messen können.

Enthülle der Herzen holdes Geheimniß. —
Das leise Gelispel im Laube der Linde. —
Wie am Felsen gebrrochen das Brausen der Brandung. —
O Balder mein Buhle
Wo bist du verborgen?
Gib Nachricht wie Nanna
Dich liebend erlöst.

---

*) Dieser Vers (Ich wallete der Sommer und Winter sechzig) vereinigt in der That alle überhaupt möglichen Vorzüge: einen reich bewegten und dennoch sanften, mit der Ruhe eines mächtigen Stromes hingleitenden Rhythmus; eine weiche, sich einschmeichelnde, nicht im Mindesten vorlaute und dennoch genügend vernehmliche doppelpaarige Alliteration; dazu eine Eigenschaft von großer Seltenheit, nämlich eine ausgesucht schöne Vocalisation von fast erdenklichster Mannichfaltigkeit, indem er die ganze Scala der Vocale, doch, wohl zu beachten, nur der ungemischten, in melodischer Folge durchläuft. Und mit dem Allem trägt er, in höchster Harmonie der Form und des Gedankens, eine so schlichte und einfach menschliche als tiefe Empfindung. Dies Zusammentreffen gibt ihm eine wahrhaft idealische Vollendung und macht ihn für mich zum schönsten aller Verse die ich kenne.

Welches ist nun die verborgene Tugend, vermöge deren die Allitteration dieser Verse Dem der sie vernimmt, unwiderstehlich die Empfindung aufzwingt, daß Inhalt und Stimmung selbst ihre Form geboren haben? Womit haften sie von einmaligem Hören fast unverlierbar in jedem Gedächtniß, wie ich aus hundertmaliger Erfahrung versichern kann? Ihr Kunstmittel ist ein überaus einfaches: — worauf beruht sein geheimnißvoller Zauber?

Diese Frage will ich nun beantworten; doch kann ich das hier nur andeutend thun, nicht erschöpfend.

Ein Schall weckt eine angenehme Empfindung und wird zum musikalisch brauchbaren Ton, wenn die Luftschwingungen die der schallerzeugende Körper bewirkt, mit gleichbleibender Geschwindigkeit und Wellenbreite in genau gleichen Zwischenzeiten wiederholt an das Trommelfell des Ohres anschlagen.

Könnten wir die Luft erstarren machen zu einer sichtbaren Masse in dem Moment, wo unsere Lippen eine Sylbe entlassen, so würden wir uns auch mit den Augen überzeugen können, daß jeder Consonant oder Doppelconsonant eine ihm eigenthümliche Luftfigur gestaltet.

Die Allitteration ist eine mehrmalige, in geregelten Pausen erfolgende Wiederholung der nämlichen Luftfigur und erweckt das Wohlgefallen des Ohrs in ähnlicher Weise, wie die gleichen Schwingungszeiten und Wellenbreiten des reinen Tones.

Darauf beruht die **musikalische Wirkung** der gleichen Stäbe.

Aber auch mittelbar befördert die Allitteration den Wohlklang.

Sie erleichtert dem Vortragenden die richtige, scharfe und sonore Articulation. Unsere Sprachorgane bilden die consonantischen Luftfiguren leichter, vollkommener und reiner, wenn sie dieselben einigemale kurz nacheinander wiederholen. Stimmritze, Kehle, Zunge, Kiefer, Gaumen und Lippen legen sich schon beim Eintreten des ersten Stabes zurecht für die folgenden gleichen. Sie werden von der Aufgabe nicht mehr überrascht; sie haben das „Aufgepaßt!" erwarten das Commando und liegen schon im Anschlage. Sie können die erforderliche Kraft und Athemfülle im Voraus schätzen und aufsparend bereit halten.

Da ferner der Poet gesorgt haben muß, daß die gedankenschwersten Sylben mit dem gleichen Anlaut geschmückt seien, so sind dem Rhapsoden zugleich die Satz- und Redetöne unverkennbar bezeichnet. Er kann den richtigen Ausdruck nicht leicht verfehlen, da derselbe nicht seiner Empfindung allein überlassen bleibt.

Endlich kann er auch der möglichst vollkommenen lauten Ausführung des sprachlichen Musikstückes seine Geisteskraft ungetheilter zuwenden, weil ihm, beim Auswendigvortragen, die Anstrengung des Sichentsinnens fast erspart wird. Denn den ursprünglichen Zweck der poetischen Formen, die Unterstützung des Gedächtnisses, erfüllt keine andere auch nur annähernd so vorzüglich als der Stabreim. Er befestigt den ganzen Inhalt an einer enggliedrigen Kette, als deren Ringe die Hauptworte eines das andere nach sich ziehen an ihren Köpfen.

Seitdem ich keinerlei schriftliches Hülfsmittel auch nur in den Saal mitnehme, weil die Reproduction viel unbefangener und sicherer vor sich geht wenn man jede Nothstütze unerreichbar weiß, höre und lese ich in den Urtheilen über meine Rhapsodieen nichts häufiger als die Bewunderung des „riesigen Gedächtnisses dem eine Dichtung von dem ungefähr sieben bis achtfachen Umfange einer großen Tragödie ohne Anstoß zur Verfügung stehe." Gegen diese Bewunderung muß ich aufrichtig protestiren. Ich habe ein glückliches, für meinen besondern Bedarf sehr geübtes, aber keineswegs außerordentliches Gedächtniß und kenne Personen die mich darin weit übertreffen, so einen mir befreundeten Frankfurter Gelehrten und Schriftsteller der ein neues Gedicht von einmaligem Hören, gleichviel ob nach acht Tagen oder acht Jahren, herzusagen weiß. Daß im Auswendigbehalten meiner Nibelunge vermittelst der Gedächtnißhafte ihrer Stabreime wohl so ziemlich jeder wohlorganisirte Mensch binnen Kurzem Dasselbe leisten könnte, das ist mir durch einige Erfahrungen unzweifelhaft geworden. Schon mehr als einmal habe ich in Städten, die ich seit dem Erscheinen der ersten acht Gesänge zum zweiten mal besuchte, Knaben von 14 und 15 Jahren gefunden, die mir einen ganzen Gesang auswendig herzusagen wußten und versicherten, ihn nicht eigens auswendig gelernt, sondern durch allerdings oftmaliges Lautlesen und Hören „Abends mit der Mutter am Theetisch" ganz von selbst behalten zu haben.

Mit dieser Tugend des Stabverses hängt eine andere zusammen, welche jener sinnlich musikalischen Wirkung einen geistigen Reiz vermählt.

Der Stabvers führt zugleich herbei was ihm in der Entwickelungsreihe der poetischen Formen offenbar vorangegangen ist und, ungewollt, aus innerer Nothwendigkeit, zu seinem eignen erst zufälligen Auftreten, dann zu seiner absichtlichen Anwendung geleitet hat: **einen Parallelismus der Vorstellungen und Gedanken.**

Zwar sucht der stabreimende Poet nicht die verwandten Begriffe, sondern nur die gleichanlautenden Sylben. In diesen aber findet er jene; denn von diesen gleichanlautenden Worten **sind** sehr viele auch begriffsverwandt, weil gewachsen aus einer und derselben Wurzel.

Und hiemit ist wiederum schon ein Schritt gethan, mitten hinein in die Erkenntniß jener allerfeinsten, vorhin schon in Beispielen angedeuteten Eigenschaft der Allitteration, vermöge deren sie allermindestens in ihrem Gebiet, in der epischen Darstellung, jeder anderen poetischen Form himmelweit überlegen ist.

Diese oberste Tugend der Allitteration kann ich nicht erklären, ohne zuvor die Geduld des Lesers in Anspruch zu nehmen für die Betrachtung einiger Wortreihen.

Er versuche zu erkennen, was die folgenden Worte Gemeinsames haben vermöge ihres gleichen Anlautes R.

rauh, rauschen, rasseln, regen, Rohr (das gegen einander rauschende), röhren (das Schreien des Hirsches), rühren, roth (die erregendste Farbe), Reiz, reißen, Reif, rennen, rinnen, rieseln, reiben, Rand, rund (durch allseitige Reibung gestaltet), Rinde, rasch, Roß, rüstig, rufen, Rabe u. s. w.

Es ist die Vorstellung der Unebenheit, Heftigkeit, Rauhigkeit, des Aufregenden, als Eigenschaft, als Bewegung, Art, Ergebniß und Ton dieser Bewegung oder der von ihr bewirkten Gestaltung.

Noch verstärkt wird dieser Begriff durch Vortritt von K.

Krähen, kreischen, krachen, Kraft, kratzen, krank, krumm, kraus, Krüppel, Kropf, kriechen, Kröte, Krebs, Krieg u. s. w.

L mit seinem weichen Ton bedeutet etwas Mildes, Weiches, Allmäliges, Gelindes, Langsames, Träges, mehr Zustand als Thätigkeit, mehr Leiden als Handeln: Leid, Liebe, Lust, Leiche, liegen, Last, Luft, lau, leise, lind, Lamm, laß, ledig u. s. w.

H, der Hauchbuchstab, etwas geistig bewegtes, Erhabenes, Mächtiges, Starkes: Halle, Himmel, Hölle, hoch, Haus, heben, heftig, hoffen, heilig, heimlich, Haß, Hüne, Held, Huld, Hülfe, Heil u. s. w.

Wenn man die Wangen mit Luft-anschwellt, daß der Mund sich bläht zur Form einer Blase und das fortsetzt bis die Blase gleichsam platzt, d. h. die Lippen rasch auseinander fahren, so hört man, je nach der Heftigkeit mit welcher die Explosion erfolgt, den Anlaut der Worte blähen, Blase, platzen, der gleichwerthigen Wurzel plod. Und nun betrachte man folgende zwei Wortreihen.

Plage (b. i. ursprünglich Schlag, Stoß, πληγη, plaga, auch die von Wellen geschlagene Küste bedeutend) Plan (eine durch Schlagen bewirkte Fläche, Ebene) platt, Platz, plump, plappern, plaudern, plätschern, placken, plubbrig, Plunze (süddeutsches Dialectwort: eine bis zum Platzen gestopfte Blutwurst), plötzlich, Planke, Plinzen (breiter Raum, dann: dünn ausgebreitete Pfannkuchen) u. v. a.

Blick, Blitz, blank, blinzen, blinken, blenden, blond, blind, blöde, blaß, bleich, Blei, Block, Blöße, Blau, Blut (die Grundvorstellung ist: das halbkugelförmig aus der Hautverletzung hervorquellende, Erblühende; dialectisch findet sich Blut auch in der Zusammensetzung für Blüthenzeit z. B. in der Dresdener Gegend: die Kirschenblut) Blüthe, Blume, Blatt, blach = flach in Blachfeld, Blak, Feuerlohe und Wiederschein derselben, davon Blaker, Wandleuchter mit reflectirendem Spiegel, blöken (βληχασϑαι), Blatter, Blech, blecken (aus einer Bedeckung zum Vorschein kommen oder kommen machen z. B. der Kesselboden bleckt hervor aus der verschwindenden Flüssigkeit, die Zähne blecken) u. s. w.

Man wird sogleich bemerken, daß diese Worte zum Theil nachweisbar stammverwandt sind; aber man spürt, auch wo dies nicht der Fall, ein Gemeinsames, das auf eine viel weiter zurückliegende, etymologisch nicht mehr erkennbare Urverwandtschaft schließen läßt: was den Doppelanlauten pl und bl einhaftet ist der, von der Gestalt- und Gestaltungsvorstellung in Blase ausgegangene Begriff einer auffälligen Bewegung, einer auffälligen Form- Ton- Licht- oder Farbenerscheinung und ihrer Wirkungen.

So nun ist, obwohl wir es jetzt nicht mehr in allen Fällen nachweisen können, jedem Laut, jedem einzelnen Buchstaben, in der Wiegenzeit menschlicher Sprache ein gewisser Vorstellungs- und Gedankenwerth verbunden worden. Vorzugsweise geschah das wohl nach der physischen Wirkung des auszudrückenden Affectes auf die Athemwerkzeuge, die Kehle und die übrigen Sprachorgane. Aber es geschah auch zur Nachahmung von Gesten, Handlungen und Bewegungen durch einen, ihrem Eindruck auf das Auge ähnlichen Eindruck auf das Ohr. Dieser letztere wird in vielen Fällen eben so, wie im obigen bl- und pl-Beispiel, hervorgebracht durch eine Stellung der Sprachorgane die gerade zu das Zubezeichnende nachbildet. Um z. B.

kl mit nachfolgendem Vocal zu articuliren, muß die Zunge vom Mundhimmel zu eben der Stellung auseinanderfahren, welche kl fast überall bedeutet: zur Stellung zweier, wie die Schneiden einer Scheere auseinander- oder auch zusammengehenden oder gegangenen Ebenen (Kluft, in den beiden Bedeutungen Schlucht und Feuerzange, klaffen, Klamme, schmale Schlucht zwischen hohen Felswänden, klemmen, Klammer, Klappe, klatschen, Klatschrose, klopfen, Klotz, Klang, klirren, Klaue, kleben, u. s. w.). Es geschah ferner zur Bezeichnung von Naturtönen und Naturerscheinungen durch einen Klang der für die Empfindung entsprach ihrer Sanftheit oder Rauhigkeit, ihrem allmäligen oder plötzlichen Auftreten, ihrer wohlthuenden oder schmerzlichen, erfreulichen oder schrecklichen Wirkung. Zuweilen freilich geschah es wohl nur conventionell und gewohnheitsgemäß nach dem zufälligen Anlaß, welcher den Laut zum ersten mal ausgepreßt hatte.

Nach dieser Betrachtung ersuche ich den Leser zurückzudenken an die vorhin besprochenen Beispielverse und das wundersame Passen ihrer Stabmusik zu der Empfindung, welche der Inhalt weckt; an ihre sanfte Weichheit für milde Naturlaute, für Wehmuth, Bedauern und Klage, an ihre mannhafte Bestimmtheit für die Vorbereitung zum Kampf, an ihre stoßende Härte für den Ausdruck des Zornes, an die imitirende Musik die der starke Sturm und die brausende Brandung sich selbst machen indem sie Worte werden.

Dies Zusammenpassen, das wird man jetzt erkennen, ist keineswegs ein Virtuosenkunststück des Poeten. Es ist eine von ihm vorgefundene Uebereinstimmung, eine von der Sprache prästabilirte Harmonie. Das kleine Wunder löst sich auf. Aber an seine Stelle tritt ein großes und erhabenes.

Die Kunst des Poeten hat nur darin bestanden, zu erkennen, zu ergreifen und gereinigt walten zu lassen, was ein anderer in Wahrheit unsterblicher Genius von göttlicher Allmacht fertig für ihn niedergelegt hatte in seinen unerschöpflichen Schatzkammern. Nicht der Poet brauchte zu sorgen, daß die Begleitung zur Melodie stimme. Wenn er es sich nur nicht beikommen läßt, unerhörte und neue Weisen erfinden zu wollen oder fremdländische nachzuäffen, sondern die Kunstform ergreift, die selbst in allmäligem Werden aus der innersten Natur der deutschen Zunge als ihre passendste erwachsen und niemals aus der Willkür eines Einzelnen entsprungen ist, also den Stabvers, so braucht er in ihm nur einfach und natürlich vorzutragen, was er zu sagen hat; — was denn freilich auch eine Kunst ist, und eine schwere Kunst, die sich Niemand einbilden sollte erwerben zu können ohne ihr in frommer Hingebung sein Leben ganz und ausschließlich zu widmen. — Dafür, daß die Melodie den richtigen Grundbaß, die angemessensten Harmonieen von selbst mit sich bringe, dafür ist seit Urzeiten gesorgt worden vom Genius der Sprache.

Darauf also vorzüglich beruht die unwiderstehliche Gewalt des Stabreims, daß seine sinnlich wahrnehmbaren Harmonieen zugleich Harmonieen der Wortseelen sind, weil die verwandten Wortseelen sich verkörpert haben zur im eigentlichen Wortsinn ähnlichen, d. h. dieselben Ahnen verrathenden Kopfbildung gleichen Anlauts, weil daher Sinn und Musik des Anlauts auf das Vollkommenste passend einander anerschaffen sind kraft einer uranfänglichen, aus entlegenen Jahrtausenden ererbten, und dennoch in Unserer wunderbaren Sprache wie in keiner zweiten schöpferisch lebendig gebliebenen Symbolik der Laute.

Das musikalische Princip des Endreims ist ein ähnliches wie das des Stabreims: er wirkt durch die geregelte echoartige Wiederkehr desselben Accordes von Vocalen und Consonanten. Wie aber die Assonanz oder Anklang (z. B. Haus — Baum) ausschließlich, so ruht der Endreim vorzüglich auf dem Vocal, und dieser symbolisirt nicht den Gedanken und die Vorstellung, wie der Consonant, sondern die Empfindung und den Affect. So ist es natürlich daß der Endreim zur Herrschaft erst gelangen konnte, als man anfing, sich der individuellen Gefühlsschwelgerei der Romantik zu überlassen und sich völlig entschlug der Anstrengung der mythischen Poesie: als Ersatz der noch fehlenden Naturwissenschaft den Kosmos und das Menschenleben in ihrer tiefsinnigen Weise wenigstens der Phantasie faßlicher zu machen. Eben so ist es nicht das Zufallsspiel einer persönlichen Laune, sondern der Ausfluß eines Gesetzes, dessen Erfüllung auch ohne mich kein halbes Jahrzehnt länger ausgeblieben wäre, daß eben jetzt der Stabreim wieder lebendig wird. Denn in unserem Zeitalter hat die Naturwissenschaft genau Das ersiegt, was der Naturmythus anstrebte. Sie macht der Unnatur und Unwahrheit der Romantik ein Ende. Als unerläßliche Bedingung wirksamen Daseins schreibt sie der Poesie vor, mit allen ihren Grundvoraussetzungen, mit ihrer ganzen Weltanschauung wissenschaftlich wahr zu sein. So muß denn auch die Form der romantischen Poesie wiederum abgelöst werden von einer Form, in welcher sich diejenige der alten mythischen

Gedanken- und Anschauungspoesie ähnlich zu verklären hat, wie sich der Naturmythus verklärt hat zur Naturerkenntniß, und wie sich in der neuen Epik auch die alte Göttersage verklären muß zur symbolischen Trägerin einer wissenschaftlich richtigen Erkenntniß des Natur- und Sittengesetzes.

Der Endreim ruht, wie sein Name sagt, auf den minder wesentlichen und am meisten veränderlichen Theilen der Worte. Die Declinations- und Conjugationsendungen taugen ihm nur, wo sie voll und betont genug sind, wie in den semitischen Sprachen und z. Th. noch im Italienischen. Doch bedingt dann seine Leichtigkeit einen gleichen Grad von Eintönigkeit und Wirkungsschwäche. Sagte — lebte, weil beide mit te, Menschen — täuschen, weil beide mit schen ausgehn, dürfen wir nicht reimen, weil diese Sylben kaum noch gehört werden. Bei weitem voller und reicher gegliedert sind nun zwar diese grammatischen Endungen in den germanischen Sprachen früher gewesen. Aber um eben so viel weiter entfernt vom üblichen Platze des Reimes, der letzten und vorletzten Sylbe, hielten sie dann auch die Stammsylbe des Worts. Um diese dennoch ohne Gewaltthat und für den Bedarf oft genug zu reimen, hätte man eine specifisch germanische Variation des Reimes einführen müssen, einen Mittelreim statt des Endreims, d. h. einen bloßen Wurzelreim mit nicht reimenden Endungen, z. B. etwa (gothisch):

  rôdjandin (d. i. loquente; uns ist die entsprechende Form verloren
       und wir müssen umschreiben: als er sprach.)
  gôdakunds (d. i. von guter Abkunft.)

und wir haben einen klangschönen, wenigstens verwandten, wiewohl durch Verbindung mit der Assonanz künstlicheren Versuch, oben in der ersten Strophe des Ludwigsliedes kennen gelernt.

Den Reim selbst zu tragen sind diese grammatischen Endungen mit wenigen Ausnahmen in den germanischen Sprachen immer eben so ungeeignet gewesen, wie jetzt, weil ihre Betonung, im Verhältniß zur Betonung der Stammsylbe, immer gleich schwach gewesen ist wie jetzt. So ist — am allerdings weit voller als unser spinnefadendünnes — en, aber in gleichem Maaße voller war auch man in mannam als Men in Menschen. Hiegegen berufe man sich nur ja nicht auf die derartigen Endungen, welche vom zwölften Jahrhundert an in den Reim und seinen Accent treten. Denn diese Fälle sind eben Gewaltthaten gegen die Sprache zu Gunsten des Reimes und werden auch dadurch nicht richtig, daß die Reimnoth sie in allgemeine Uebung gebracht und z. Th. bis auf den heutigen Tag darin erhalten hat. Kraft — Ritterschaft, klein — Mägbelein, zu reimen ist uns noch eben so geläufig wie dem Nibelungenliede und ist noch heute eben so falsch wie damals; denn ohne Reimnoth spricht und sprach Niemand anders als

Rit-ter-schaft, Mäg-be-lein, ma-ge-din,

ob auch zehnmal im Nibelungenliede geschrieben steht magedîn. Man hat niemals gesprochen spilemán, schribaére, Dancwárt, Rumólt, arebeit, lobesám; nur die Bänkelsänger betonten so, weil sie sich nicht anders zu helfen wußten, und alle diese Reime sind ebenso falsch als die auch vorkommenden mit — Sifrít, degéné — Hagéné.

Volle Reime, in ausreichender Zahl um alle Versenden eines größeren Gedichtes damit zu versehen, werden den germanischen Sprachen erst möglich, wann der Stamm selbst wirklich oder beinahe zur Endung geworden ist, wann die Sylben der Beugung und Wandlung schon so weit verwittert oder verstümmelt sind, daß vom Worte wenig mehr übrig ist, als die kahle Wurzel.

Wie die Sprache zu diesem Zweck erst ihre Jugendfülle eingebüßt haben mußte und wie sie diesen Verlust in sehr erheblichem Maaße eben durch die Reimsucht erlitten hat, das zeigt besonders einleuchtend ein bekanntes, wenn ich nicht irre zuerst von Wackernagel aufgestelltes Beispiel. Wir können jetzt reimen: Die Reben — der Boden ist eben — wir leben. Im Altdeutschen lagen die entsprechenden Wortformen unreimbar weit auseinander; denn statt „die Reben" sagte man repono, statt „eben" ëpan, statt „wir leben" lepemës (ähnlich wie jetzt wieder in gewissen Verbindungen im Frankfurter Dialect: lebemer). Es sind nur sehr, sehr wenige Reime aus unserm gegenwärtigen und selbst aus dem Vorrath des späteren Mittelalters, an denen sich nicht ganz dasselbe zeigen ließe. Nur noch ein Beispiel: sie bauten — lauten (Infinitiv) — sie schauten; altdeutsch: puwatun auch bowatun — hlutén — scauwotan. Fast in jedem dieser Fälle sehen, wir wie viel die Sprache erst vermagern und an Gelenken einbüßen mußte, bevor einige Worte mehr hineinpaßten in die fremde Zwangsjacke.

Der Stabreim vermählt die Worte nach ihren Marktknochen, nach den Hirnschaalen die den seelischen Nerven einschließen. So bietet er als geheimnißvoll anregende Nebengabe einen Hinweis auf die Blutsverwandschaft der

Wortstämme, auf die tiefe Symbolik der Sprache, und läßt uns Blicke thun in deren ferne Jugend. Der Endreim verbindet die Worte nach ihrer zufälligen Verschwägerung, nach ihrer durch Verwitterung und Abschliff erlangten und sehr oft durch seine verstümmelnde Missethat erst erzwungenen Aehnlichkeit. Nicht ihre Köpfe setzt er in mnemonische Verbindung und musikalische Harmonie, sondern die fast knochenlosen Fleischtheile ihres Leibes, oft sogar nur die Schleppen ihrer zeitweise modischen Kleider. Der Stabreim erlaubt nicht nur, sondern nöthigt hinein in die sinnlichste Formen- und Farbenfülle und zwingt zur höchsten Anschaulichkeit. Der Endreim treibt eben so unwiderstehlich hinauf in die Abstraction, in das Idealische. Er ist ein Flügelpaaar, das emporhebt in den verschwimmenden Duft der Weltvergessenheit.

Uebrigens fällt es mir nicht ein, den Reim verwerfen und fortan verpönen zu wollen, womit ich u. A. auch mir selbst ins Gesicht schlüge. Wer möchte seine bedeutende Wirkung leugnen, seine eigenartige Schönheit bestreiten? Ich verwerfe ihn für das Epos, schon weil er eine mindestens zweizeilige Art von Strophe mit sich bringt und auch eine solche schon zu viel ist für dessen freie Bewegung; weil er den Grad von Anschaulichkeit nicht gestattet, die dessen wesentlichste Eigenschaft ausmacht; weil er für dessen Zwecke in jedem Punkt vom Stabvers übertroffen wird. Ich glaube nicht, daß die Lyrik sich seiner in Zukunft so fast ausschließlich wie bisher bedienen wird; aber ich bin überzeugt, daß er für manche Stoffe und Zwecke das vorzüglichste Kunstmittel bleiben wird. So namentlich für gehobene Stellen des Dramas, das mit Ausnahme der etwa vorkommenden Erzählung seiner Anschaulichkeit durch die Mittel der Poesie bedarf, weil Schauspieler, Costume Geräthe und Decoration sie geben; so für das poetische Pamphlet, für die Satyre, für die launige, witzige, komische Dichtung; denn ein Witz, eine scharfe Pointe, gewinnen ganz eminent an Wirkung, wenn sie im Reime stehn, und eben deßhalb dürfte der Reim namentlich für die Posse und mehr noch für das feinere Lustspiel noch eine große Zukunft haben.

Ich kann nicht anders, als in der Importation des Reimes einen Theil des nationalen Unglücks erblicken an dem wir ein Jahrtausend zu tragen gehabt. Daß er gewirkt hat als Verwüster und Verstümmler der Sprache und namentlich als Zerstörer des Epos, wie ich a. a. O. beweisen werde, das ist durchaus unanfechtbar. Nun aber, da wir seiner mächtig geworden sind und ihn mit Anmuth und Wohllaut zu verwenden gelernt haben, ihn wegen der Qual und Einbußen die das gekostet, wieder zu verbannen, ohne die geringste Hoffnung das Verlorene dadurch wieder zu gewinnen, das wäre gleicher Unverstand, als wollte man einen jetzt passenden Hut fortwerfen, weil man ihn dreifach überzahlt hat, und weil er eine Zeit lang zu eng war und Kopfschmerzen verursachte. Das wäre gerade so thöricht, wie wenn Jemand den Vortheil aufgeben wollte, sich gleich geläufig in zwei Sprachen auszudrücken, weil er zu der allerdings richtigen Einsicht gelangt wäre, daß die fehlerhafte Erziehungsmethode, ihn von Kindesbeinen an beide zugleich lernen zu lassen, ihm den Besitz einer mit ausschließlicher Sohnesinnigkeit geliebten Muttersprache gekostet und ihn in beiden verhindert hat, jenen unfehlbaren Instinct zu erlangen, der nur dann gewonnen wird, wenn Eine Sprache das Bewußtsein vom ersten Erwachen in ihre Prägform nimmt und dem werdenden Geiste nur die Gestalt des ihrigen aufdrückt.

Glücklicherweise hinkt das Gleichniß für einen Hauptpunkt. Die deutsche Poesie war doch schon zu fertig ausgeprägt in ihrer Mutterform, dem Stabverse, um sich durch die fremdländische wesenhaft und unwiederbringlich verwandeln zu lassen. Ich kann mich hier nicht mehr aufhalten mit den Beweisen, daß der Stabreim niemals ganz in Vergessenheit gerathen ist, daß das Sprichwort ihn fortgepflegt hat als ihn die Dichter verschmähten, und daß auch unsere Dichter zu allen Zeiten, zuweilen mit, öfter ohne Bewußtsein, die heimische Urmusik wieder anstimmten, wo sie im höchsten Schwung ihres Schaffens von der formgebenden Gewalt des Inhalts über allen Regelzwang hinausgerissen und, als Instrumente des deutschen Genius, mehr gesprochen wurden als sprachen. Nur dies Eine noch will ich bemerken: Ob auch Wohllaut und glatte Rhythmik schwieriger geworden sind durch die Einbuße an Gliedmaßen, die sanghafte Tonfülle seltener gewinnbar durch die Verdünnung der Vocale: an Consonanzen, die dem stabreimenden Poeten eine Fülle von milden und energischen Accorden jeder Gattung zur Verfügung stellen, ist unsere Sprache nicht ärmer, sondern bei weitem reicher geworden; denn die unverminderte Verjüngungskraft ihrer Wurzeln hat ihre Wortflora seit den Zeiten des Hildebrandliedes vielleicht verhundertfältigt.

8.

Anzahl und Stellungen des Stabreims innerhalb einer epischen Langzeile erschöpfen alle Möglichkeiten des Gesetzes.

Dies Gesetz lautet: **Nur die Hebungen allitteriren.**

Gleiche Anlaute, welche etwa zufällig in den Senkungen vorkommen, zählen nicht und thun keine musikalische Wirkung auf das Ohr. Da sie den Vorlesenden zu falscher Betonung verführen, ist es wünschenswerth, daß der Dichter sie vermeide, aber nicht überall möglich. Wo sie stehn wird es Aufgabe des Vortragenden, ihr Gehörtwerden zu verhüten. Ich kenne nur eine gerechtfertigte Ausnahme von dieser Regel, und diese ist mir selbst vorgekommen. Sigfridsl. Ges. 22 S. 294 in dem Verse:

Dies bekannte Geräusch, dies verrätherische Rascheln &c.

Wer die Stelle im Zusammenhang laut liest wird sich überzeugen, daß die Allitteration in der Senkung rische von glücklicher Wirkung ist als treffende Tonmalerei des Seide-Rauschens durch die schnelle Aufeinanderfolge der Sylben räthe rische rasche, und ich spreche hier die Senkung mit einem halben Accent.

Völlig fehlerhaft dagegen wäre es, den Vers aus dem Heliant:

gisahun endi gihordun thes hie selbo gisprac

so vorzutragen, daß der dreimalige Anlaut des unbetonten Augments gi wie ein Stabreim zu Gehör käme. Der Vers ist deshalb kein guter, weil er dazu und zum Uebersehn seiner wahren Allitteration sahun — selbo verleiten kann.

Die Bestimmung der Allitteration ist: die beiden Hälften der Langzeile musikalisch und mnemonisch aneinander zu ketten.

Die Langzeile kann also höchstens **vier** und muß wenigstens **zwei** Stabreime haben.

Wann in Litteraturgeschichten oder Poetiken auf den Stabreim die Rede kommt, wird seine Stellungsregel allemal ungefähr so angegeben:

„Die beiden Hälften des Verses (a. nordisch visufjordungr) sollen zusammen **drei** Allitterationen haben. Die beiden ersten, **Neben-** oder **Beistäbe** genannt (studlar oder bistafvar), stehn in der ersten Hälfte; die dritte, der **Hauptstab** (höfutstafr) in der zweiten Hälfte des Verses, und zwar nur in deren erster Hebung, also der dritten der Langzeile; seine

Stellung in deren zweiter, also der vierten und letzten der Langzeile, ist verboten."

Diese Regel hat immer ein Handbuch dem anderen nachgedruckt, und doch ist sie durchweg für den epischen Vers theils unrichtig, theils unverbindlich. Weder das alte Epos selbst, so viel davon erhalten ist, noch die Dichtungen, welche seinen Styl und seine Form ziemlich rein bewahrt haben, wie z. B. Caedmons Bibelparaphrasen, haben sich auch nur an éine ihrer Bestimmungen gebunden. Aufgestellt und mit einiger Strenge beobachtet worden ist sie erst von der überaus verkünstelten späteren Skaldenpoesie, die sich zur alten Verskunst des Epos ungefähr eben so verhält, wie die Meistersingerei mit ihren abgeschmackten Vorschriften zu der Reimkunst Gottfrids von Straßburg und Walters von der Vogelweide.

Nicht nur drei, sondern alle vier Hebungen dürfen allitteriren, und zwar in doppelter Art, von der ich hier zunächst nur die viermalige Wiederholung desselben Stabes belege:

Beowulf.	Hream weard in Heorote heo under heolfre genam.
ebd.	Geworden in wicum. Ne waes paet gewrixle til.
Caedmon.	ne þorftun hlûde hlihhan; ac heo hell fregum.
Edda, Alvismal.	fliops ens fagr-gloa fiarra fleina.
Merseb. Zaubspr.	bên zi bêna bluot zi bluoda.
Hildebr. L.	pist also gialtêt man so du ewin inwit fortos.
ebd.	er was Ôtachre ummett irri.
Muspilli.	der warc ist kiwafanit, wirdit untar in wic arhapan.
Heliant.	giwarahtes endi giwahsanes that wart thuo all mit wordon godas.

Es müssen nicht wenigstens drei, sondern es brauchen auch nur zwei Hebungen zu allitteriren. Die Beispiele dafür sind auf jeder Seite der in Betracht kommenden Texte so zahlreich, daß ich mich der Anführung enthalten darf. Die nur zweimalige Allitteration kann Strecken weit selbst überwiegend werden, und die Regel dafür ist nicht zu verkennen: Je schlichter der Inhalt ist, je weniger sich die Erzählung über den Ton der Prosa erhebt, desto sparsamer wird der Dichter mit dem Stabreim; je lebhafter die Bewegung, je gespannter die Situation, je dramatischer und leidenschaftlicher die Scene, desto häufiger und stärker wird das Echo der gleichen Anlaute.

Uebrigens steht dem Poeten ein Mittel zur Verfügung, auch mit nur zwei Stäben eine starke Wirkung hervorzubringen: dadurch, daß er sie

nahe aneinander rückt, also in die 2te und 3te Hebung stellt, wie z. B. in dem ungewöhnlich wohllautigen Verse, Heliant:
habdun san rumuburg riki giwunnan.

Die Wirkung ist sogleich geringer, aber eben dadurch für die Erzählung, zumal in ihrem Anfang, oft geeigneter, wenn die beiden Stäbe um eine Hebung auseinandertreten, also in die 1te und 3te oder 2te und 4te Hebung z. B.

Edda, Prymsqvida: Reidr var pa Vingporr er han vacnadi.

denn in diesem Verse ist das var in der ersten Senkung keine Allitteration.

In dem allerdings vorherrschenden Falle der dreimaligen Allitteration ist die oben angeführte Skaldenvorschrift: daß die dritte als Hauptstab in der dritten Hebung zu stehn habe, in sofern nicht unrichtig, als diese Stellung in der That die stärkste und meistens auch erwünschteste Wirkung ausgibt und eben deswegen auch am häufigsten angetroffen wird.

Erstens aber fehlt es nicht an zahlreichen Ausnahmen, eben weil diese stärkste Wirkung nicht immer gewünscht wird. Neben der Hauptstellung 1, 2, 3, 0. kommen auch vor die Stellungen 0, 1, 2, 3. z. B.

Heliant: liudi wandun weros warlico.
1, 0, 2, 3
Beow. wine Scyldinge weana gebwylcne.
1, 2, 0, 3
Beow. cempan gecorene, para pe he cenoste.
Hildebr. L. rauba birahanen ibu du dar ênic rcht habês.

Zweitens ist weder immer die dritte Allitteration der Hauptstab, noch auch immer diejenige von den dreien, welche in der dritten Hebung steht, obwohl diese Stellung selbst auf einen solchen Stab verstärkend einwirkt, dessen Wort an Gedankengewicht leichter ist, als die Worte der beiden andern. Der ächte Hauptstab ist allemal der, dessen Wort den Satz beherrscht; was natürlich nur das Verständniß des Textes entscheiden kann. Zum Belege für Beides eignet sich ein Vers mit der Allitterationsformel 0, 1, 2, 3 aus Muspilli, welcher bedeutet: [wann die Seele... sich erhebet]
und den Leichnam liegen lässet
enti den libhamun likkan lazzit.

Die dritte Allitteration ist hier so wenig Hauptstab, daß sie wie ein schwaches Echo der beiden ersten anklingt; likkan aber hat zwar durch die Schärfung des *i* in Verbindung mit der Verstärkung durch die Position in der dritten

Hebung, gleichen Accent mit der ersten; aber erst das Wort lihhamun macht den gehörten Satz zur Anschauung und ist deshalb sowohl mnemonisch als musikalisch der Hauptstab.

Eine Allitterattion von minder ohrenfälliger aber um so feinerer Wirkung ist die **doppelpaarige**, von zwei verschiedenen, einander in derselben Langzeile abwechselnden oder umschlingenden Stäben. Aehnlich der Strophe mit wechselnden oder umschlingenden Reimen eignet sie sich vorzüglich für die ruhige Betrachtung, für das mild Elegische, für einen Inhalt von gemüthlicher Tiefe, für die Schilderung von Seelenzuständen. Sie fügt sich so schmiegsam der natürlichen Satzfolge unserer heutigen Sprache und ergibt sich aus ihr so zwanglos, ja so oft in freiwilligem Entgegenkommen, daß sie einen sehr erheblichen Theil von den Versen meiner Nibelunge einnimmt und streckenweit vorherrscht. Im alten Epos ist sie seltener, namentlich im Angelsächsischen, während sie dem deutschen Dialect des Germanischen schon vor Alters besonders angemessen und geläufig gewesen zu sein scheint, da sie in den etwa 68 erhaltenen Langzeilen des Hildebrandliebes 5 mal vorkommt und in dem Verse: chud was er . . . . . . chonêm mannum wahrscheinlich auch noch zu lesen wäre, wenn seine zweite Hebung nicht verloren gegangen. — Innerhalb des bisher vorgetragenen Gesetzes sind nur zwei Variationen möglich: a, b, a, b, und a, b, b, a. Die Beispiele der ersteren finden sich in allen längeren Stücken.

Beow.	hilde waepnum and headowaedum.
ebb.	miþa heardum mefa swyde hold.
ebb.	þaet se faege þegn forefaeder daedum.
Caedmon	leofes lic forbearnan and me lac bebeodan.
Fragm. Finnesbg. Schl.	deor-mod haeled hwa da duru heolde.
Hildebr. L.	sunufatarungós iro saro rihtun.
ebb.	fohem wortum hwer sin fater wari. *)
Heliant.	nahor mikilu was im miud maikil.

Viel seltener ist die zweite Variation a, b, b, a.

Edda, För Skirnis.	þar scaltu ganga er dic gumna synir.
Heliant.	than warunwit nu atsamna atsibunta wintro.
ebb.	that scoldun sia fiori thuo fingrón seriban.

Die dritte mögliche Stellung dieser doppelpaarigen Allitteration a, a, b, b, fällt insofern außerhalb des Gesetzes, als durch sie die beiden

---

*) Hieher gehört auch der oben S. 33 u. Anm. ausführlich betrachtete Vers.

Vershälften nicht mehr aneinander gebunden, sondern im Gegentheil zu scharf contrastirender Selbständigkeit gelöst werden. Auch erinnere ich mich nicht, ihr in den alten Mustern wo anders begegnet zu sein als in der Edda. Selbst in dieser kommt sie nicht in den erzählenden Stücken der Heldensage vor, sondern in den mythologischen, wo der strengere Strophenbau weniger die Lang- als die Halbzeile als Einheit verwendet, aber auch hier als Ausnahme, besonders bei Aufzählung von Namenreihen, welche die Stabverbindung einer Halbzeile mit der anderen erschwerte z. B. Grimnismal:

   Fiörm ok Fimbulþul Rin ok Rennandi
   Þridea Þiodnuma Nyt ok Naut.

In dieser Stellung ist der doppelpaarige Stabreim, im äußersten Gegensatz zu den beiden ersten Variationen, der allerohrenfälligste. Selbst den viermalgleichen erreicht er an Eindringlichkeit und übertrifft ihn bei Weitem an athemlos vorwärts stürzender Hast und ungestümer Gewalt, namentlich auch, bei geeigneter Wahl kraftvoller Consonanzen, an musikalischer Mimik zur Versinnlichung mächtiger Naturtöne. Zu solcher Wirkung habe ich ihn in lyrischen, nach Halbzeilen geordneten Stücken, aber zuweilen auch in der Langzeile verwendet z. B.

   Nun müßt ihr euch morden
   In rastlosem Rasen;
   Die Tochter vertilge
   Das Schlangeschlecht.
 Die flackernde Flamme durchprasselte prächtig rc. —
     ... Das Höllenscheinbild
 Des ermordeten Mime folgt mir auf den Fersen;
 Ungehindert huscht es durch Dickicht und Dornen;
 Es biegt sich kein Busch, es bebt kein Baumzweig
 Der den luftigen Leib in der Mitte durchmäh'n muß. —
 Da stürzte der Stein mit klatschendem Klange,
 Mit schäumendem Schall in die flimmernden Fluthen
 Und tauchte zur Tiefe mit dumpfem Gedonner.

Ein ferneres Mittel zur Steigerung der Wirkung des Stabreims, gleichviel ob dieselbe, je nach der Natur seiner Consonanz, eine kraftvoll rauhe oder eine schwache und sanfte sei, bietet die Wiederholung desselben Stabes in der nächsten, ja dritten und selbst vierten Langzeile. Die Beispiele ein- bis zweimaliger Wiederholung sind auch in den alten Mustern nicht eben selten. Natürlich muß auch hiefür wieder der Inhalt die Berechtigung liefern; z. B.

> Unwiderſtehlich war die **Stärke**
> **Seines Stoßes** auf den **Stahlſchild**
> **Des** ſtolzen **Stubfus**; von deſſen **Stegreif**
> Zerriſſen die Riemen u. ſ. w.
> Und kannſt du dein Kind nicht küſſen und herzen
> Mit dem Leibe, von Luft und Licht gewoben,
> Wie verlangend es lechzt, dich liebend zu fühlen,
> So laß, für verlorene Lieder beim Wiegen,
> Mich noch länger belauſchen dein leiſes Geliſpel.

Erwähnenswerth iſt endlich noch eine zuweilen vorkommende Zwiſchenſtellung des Stabreims, die zu keiner der bisher betrachteten Formeln gerechnet werden kann, indem durch dieſelbe nicht zwei Hälften éines Verſes, ſondern zwei Langzeilen durch ein beſonderes Kettenglied gebunden werden; z. B.

> Beow. **h**lûdne in **h**ealle **þ**aer was **h**eorpan **S**weg
> ſ**w**utol **s**ang **s**copes: **s**aegde se þe cuþe —

Dieſe beiden Verſe haben jeder ſeine drei regelrechten eignen Allitterationen, aber außerdem allitterirt noch, wie ich durch deutſche Lettern angezeigt habe, die vierte Hebung des erſten mit der erſten des zweiten Verſes; eben ſo im folgenden Beiſpiel aus derſelben Dichtung die vierte Hebung der 1ten Langzeile mit der 2ten der ihr folgenden:

> **w**ig **w**eorþunga **w**ordun Baedon
> þaet him gast **B**ona **g**eoce gefremede.

Die muſikaliſche Wirkung dieſer Nebenallitteration iſt gering und macht ſich zwiſchen den Regelſtäben nur dann einigermaßen geltend, wenn ihre Stäbe einander ſo unmittelbar folgen wie im erſten Beiſpiel. Mnemoniſch aber iſt ſie ein ganz vorzügliches Befeſtigungsmittel. Verſe mit ſolcher übergreifenden Verkettung haken ſich damit unentreißbar ins Gedächtniß ohne daß man ſie zu lernen braucht, oder richtiger: der Act ihrer Erfindung, und wenn man ſie nicht ſelbſt erdacht hat, der Act des Gewahrwerdens der verklammernden Nebenſtäbe iſt zugleich der Act vollendeter Einprägung.

Wie ich dieſe Beobachtung benutzt und daſſelbe mnemoniſche Mittel weiter ausgebildet habe um die Verſe der Nibelunge gelegentlich auch ohne ſolche Nebenſtäbe zu verketten, ähnlich wie Terzinen durch ihre mauerſteinartige Reimfugung, — das will ich dem Scharfſinn der Leſer überlaſſen.

Auch für eine in doppeltem Sinn geheimnißvolle Ordnung der Stabreime, für die ich mich auf kein Vorbild zu berufen weiß, möge er sich die Beispiele selbst zusammensuchen und aus ihnen enträthseln, welchem Zweck sie diene, welcher Inhalt sie berechtige. Ueberhaupt will ich mich hier beschränken auf die Darlegung des Gesetzes des epischen Verses und seines Stabreims wie ich es vorgefunden habe.

Seit seiner Geltung in solcher Gestalt hat sich unsere Sprache so beträchtlich verändert, daß, ohne besonderen Unterricht, und einzelne Worte ausgenommen, der Deutsche die deutschen Verse des Hildebrandliedes kaum besser versteht, als wenn sie etwa chinesisch wären. Sie hat viel verloren, aber auch viel gewonnen. Unser musikalischer Sinn hat sich außerordentlich verfeinert. Manche Eigenschaften der griechischen Poesie sind auch der unsrigen zur anderen Natur geworden. Ich durfte jenes alte Gesetz nicht völlig unverändert beibehalten. Es war nicht nöthig seine Grundbestimmungen anzutasten. Von diesen ist keine veraltet, weil sie nicht willkürlich erfunden sind, sondern erwachsen aus dem innersten Mark der Sprache, das, unberührt von allen Veränderungen, heute noch ebenso lebendig und schaffend in ihr waltet wie vor Jahrtausenden. Freiheit ließen sie genug und zu viel. So galt es nicht, jenes Gesetz abzuschaffen, sondern es strenger zu erfüllen. Die Zügel der Rhythmik mußten straffer angezogen, der Accord der Stäbe völlig rein gestimmt werden. Ich wage nicht zu entscheiden, ob man die Doppelconsonanz vor alters mehr getrennt gesprochen als jetzt und deutlicher mit einem leisen, noch jetzt nicht gänzlich verschwundenen Vocal dazwischen, vergleichbar dem hebräischen Schwa, und ob deshalb st und s, br und b u. f. w. hörbarer allitterirten als für uns. Ich neige mehr zu der Annahme, daß die alten Epiker indem sie ihre Verse bildeten in erster Linie für den Rhapsoden sorgten und nur in zweiter für den Zuhörer, daß sie also ihre Pflicht für erfüllt hielten, wenn sie dem Text taugliche Gedächtnißhafte eingefügt hatten, und Allitterationen von voller akustischer Wirkung mehr als wünschenswerthe Zugabe behandelten. Wie dem auch sei, Wir verlangen das einmal vernommene Versgesetz ohne Unterbrechung durchgeführt zu hören, und das Ohr des neunzehnten Jahrhunderts läßt es nicht mehr als genügenden Stabreim gelten, wenn von einer Doppelconsonanz nur der erste Consonant wiederkehrt, eher noch, im Gegensatz zum altepischen Gebrauch, die Wiederkehr nur des zweiten, wiewohl auch nur in gewissen Fällen und nie zur Vollgenüge. So durfte denn der musikalische Schmuck für den Hörer in keinem Verse fehlen und zu demselben nur die volle Wiederholung der Doppellaute verwendet, die halbe aber höchstens dem mnemonischen Nebendienst gewidmet werden, da sie für diesen in der That fast eben so gut geeignet ist.

Doch nicht der gegenwärtigen Schrift, sondern der Dichtung selbst liegt es ob, für diese Aenderungen Zustimmung zu gewinnen. Sie nur kann den gültigen Beweis schaffen für mein Recht, als erster Erneuerer unseres Epos und seiner Form nicht nur das alte Gesetz zu erfüllen sondern auch ein neues zu geben.

9.

Es ist noch nicht lange her, daß Poesie und Kritik in beständiger Fehde lagen. Mehrmals, und mit Recht, haben unsere großen Poeten geklagt: es sei eine üble Gewohnheit der Kritiker, nach hergebrachten Schulbegriffen und überkommenen Schablonen verwerfende Urtheile und selbst Besserungsvorschläge abzugeben über Schöpfungen, von deren Möglichkeit ihnen doch der Dichter die allererste Ahnung vermittelt und deren Gesetze zuvor erkennen zu lernen sie die Gelegenheit hätten benutzen sollen, welche ihnen eben dieser zum erstenmal geboten.

Nur ein paar ganz vereinzelte Anläufe der Art sind mir vorgekommen. So z. B. die Belehrung, daß ich besser gethan haben würde, mir den Stoff zu meinem Epos aus den Zeiten des dreißigjährigen Krieges zu wählen, — was mich anmuthen mußte, wie etwa einen Münzmeister der freundschaftliche Rath: die Friedrichsd'or doch lieber aus Neusilber zu prägen; oder wie der Vorschlag: Jemand möge seinen Großvater zum Ahnherrn seines Urgroßvaters ernennen. Aber selbst diese wenigen Stimmen sind rasch zu einer andern Tonart übergegangen und haben mir durch nachfolgende Aeußerungen jedes Recht benommen zu einer derartigen Klage.

Mancher begründete Einwand hat mich wesentliche Vervollkommnungen meiner Dichtung finden gelehrt, welche überhaupt ihre letzte Gestalt erst durch die Erfahrungen des Rhapsoden, also durch die Mitwirkung der Nation gewonnen hat. — Man hat wohl über einzelne Verse, Wendungen und

Züge der Characteristik zweifelnd, ablehnend, mißbilligend geurtheilt, ohne meine andere Ueberzeugung damit zu erschüttern. Davon aber bin ich schuldig, öffentliches Zeugniß abzulegen, daß es auf die Dauer keiner meiner vielen Beurtheiler hat fehlen lassen, weder an gutem Willen und Eifer in die Eigenart des Werks einzudringen, noch an Wahrhaftigkeit in den Berichten über den Erfolg vor der Zuhörerschaft, auch wo deren Urtheil dem von ihm früher abgegebenen entgegenstand.

Ohne Zweifel ist meinem Unternehmen und persönlichen Einstehn für dasselbe die Pietät zu Gute gekommen, mit welcher man die Nibelungensage als ein nationales Heiligthum zu betrachten gelernt hat. Aber ich kann doch nicht umhin, aus meinen Erfahrungen auch den hocherfreulichen Schluß zu ziehn, daß unsere heutige Journalistik der vor einem halben Jahrhundert um ein staunenswerthes Maaß überlegen ist an Kunstverständniß, an wissenschaftlicher Bildung und an objektiver Redlichkeit.

So glaube ich in dieser Schrift über das Gesetz des epischen Verses, über die Wirkung des Stabreims und ihre Ursachen, nichts Wesentliches unberührt gelassen zu haben. Gleichwohl muß ich bekennen, daß sie über diese Gegenstände nur Weniges enthält, was nicht schon irgendwo völlig treffend ausgesprochen stände in meiner Sammlung von Recensionen, die nun sieben Jahrgänge umfaßt und zwei ansehnliche Quartbände füllt. Ich weiß nicht, ob ich gegenwärtige Arbeit versucht haben würde ohne jene Vorarbeit der Journale; das aber kann ich versichern, daß ich so manche selbstbefolgte Regel ganz richtig von Andern formulirt gelesen oder gehört habe, lange bevor es mir eingefallen war, der empfundenen Nothwendigkeit einen methodischen Ausdruck zu geben.

Ueberall begleitete man die erste Anzeige meines Vorhabens mit Aeußerungen des Mißtrauens gegen das bedenkliche Wagniß, eine seit tausend Jahren ungebräuchliche Form zu erneuern. Ueberall ohne eine einzige mir bekannt gewordene Ausnahme brachten dann die Berichte über meine Rhapsodieen die Bemerkung, daß der Stabvers anfangs befremdet, ja verwirrt, sich aber bald dem Ohr eingeschmeichelt und ihm dann wie urvertraut geklungen habe. Spätestens die Recensionen des zweiten oder dritten Abends brachten den Widerruf der anfänglichen Einwendungen und das Geständniß, daß man sich wenigstens für diese Gattung der Poesie eine passendere Form nicht vorstellen könne.

Einstimmig so hat man vom Hören geurtheilt. Sogleich anders

lautet aber eines der ersten vom Sehen des gedruckten Buches abgegebenen Urtheile.

Nach sehr anerkennenden Aeußerungen über die epische Darstellung, den Verlauf der Handlung, die Composition des Gedichtes, sagt ein Recensent in der Frankfurter Zeitung (2. April 1868):

„Mit dem Stabreim aber haben wir uns trotz der Tüchtigkeit, mit welcher ihn J. diese acht Gesänge hindurch handhabt, noch immer nicht befreunden können."

Warum nicht? — Das hatte derselbe Kritiker schon in einem früheren Artikel (1. Octbr. 1867) ausgeführt:

„Unser Gehör kann sich nicht gewöhnen, aus dem gleichen Anlaut eine harmonische oder sprachliche Bedeutung herauszufühlen. Die Aufmerksamkeit, die sich beständig auf die Allitteration richten soll, ermüdet den Geist und zieht ihn ab vom Inhalt. Wir hätten gewünscht, der form- und reimgewandte Dichter hätte die Nibelungenstrophe vorgezogen. Er war der Mann, sie zur Geltung zu bringen."

Was ich hier noch zu erinnern habe über die richtige Verwendung eines Epos in Stabversen und meiner Nibelunge insbesondere, weiß ich nicht zweckmäßiger vorzutragen als in Form einer Antwort auf dieses Urtheil.

Die Reihenfolge umkehrend und mit dem letzten Satze des geehrten Kritikers beginnend bemerke ich zuvörderst, daß ich für das Epos jede Art von Strophe durchaus verwerfe, mit selbstverständlicher Ausnahme der gesonderten lyrischen Gedichte und Lieder, die es gelegentlich einschließen darf.

Regelmäßige Abschnitte mit rhythmisch markirten Grenzen und von bestimmter Verszahl sind für das Epos gerade so widernatürlich und unbrauchbar, als es etwa die Zerschneidung der Wandfläche in Rahmenquadrate sein würde für ein großes Freskogemälde. Der Maler eines solchen müßte dann entweder die Grenzstriche und Leisten überpinseln, um seine Figuren und Gruppen nicht zu zerschneiden, wo sie dann überflüssig wären und immer noch störend erkennbar blieben, oder sich entschließen, nicht eine einheitliche Composition zu schaffen, sondern eine Menge zusammengehöriger und doch getrennter Einzelbilder. So hat auch das Epos große Gruppen, ja Massen darzustellen; es darf in Breite und Länge durch keine andere Grenze eingeschränkt werden, als durch die hinlänglich weite, welche die

Erfahrung vorschreibt für die Dauer einer Rhapsodie und eines Gesanges, als ihrer Unterabtheilung behufs einer Pause. Das Maaß der Reden darf nur vorgezeichnet sein vom Character, von den Leidenschaften und Seelenzuständen der Personen. Sie müssen mit einem kurzen schlagenden Satze, einem Halbverse, einem Wort fertig sein, aber sie müssen sich auch in langathmiger Ausführlichkeit, ja in der greisenhaften Geschwätzigkeit eines Nestor ergehen oder einen Gluthstrom von Worten aussprudeln dürfen. Wie kann das Alles ungereckt und ungezwängt geschehn, wenn der Dichter sich die Nöthigung auferlegt, seinen Vortrag genau gleichmäßig in kleine Untereinheiten zu zerlegen?

Befriedigend wirkt die Strophe nur da, wo mit ihr zugleich der Gedanke schließt. Wo er sie durchbricht, wo er in ihrer Mitte endigt oder über ihren Schluß hinauswuchert in die nächstfolgende, da weckt die Strophe allemal die Empfindung des Mißverhältnisses zwischen der gewählten Form und der inneren Nothwendigkeit des Gegenstandes.

Die Nibelungenstrophe vollends ist ganz besonders ungeeignet für den Zweck des Epikers.*) Die widerlich nachzottelnde Schleppe an ihrer letzten Zeile macht sie obendrein zu einer der übeltönigsten und langweiligsten Strophen die es gibt. Alle bedeutenden Poeten, wie z. B. Uhland, haben, wenn auch nicht mit Worten, so doch durch die That eben so geurtheilt. Denn sie haben nicht nur jene Schleppe wegschneiden, sondern auch ihren Rhythmus durch ein strengeres Gesetz so gut wie gänzlich verwandeln müssen, um ihr Spannkraft, anschauliche Darstellung und Wohllaut abzugewinnen.

Die Erneuerung des deutschen Epos ist nur eine von den vielen und unausbleiblichen Fortsetzungen der großen Volksthat welche wir die Reformation zu nennen gewohnt sind, die aber unter der geringen Maske einer confessionellen Spaltung in Wahrheit etwas weit Vornehmeres gewesen ist: nämlich der Beginn unserer nationalen Wiedergeburt für alle Confessionen, der erste Schritt zur Herstellung germanischen Wesens aus tausendjähriger Selbstentfremdung und von der Krankheit durch eine aufgeimpfte exotische Cultur, welche auf Unsere Naturanlagen als Gift gewirkt und uns bis hart

---

*) Ich behalte mir vor, dies a. a. O. zu beweisen und zu zeigen, wie diese Strophe die Hauptschuld trägt an der letzten und höchsten Verderbniß der noch deutlich erkennbaren früheren, und, je weiter zurück, immer desto besseren Gestalten unseres Epos.

an den Rand nationalen Todes gebracht hatte. Wie hätte ich, um auch in der Poesie einen weiteren Schritt zu thun nach diesem Ziele hin, die Annäherung versuchen sollen durch Entfernung, die Erneuerung des urdeutschen Stoffes in einer Form der höchst undeutschen mittelalterlichen Romantik? Wie hätte ich im Stande sein sollen, auch nur den Gedanken dieser Erneuerung zu fassen, wenn ich noch befangen gewesen wäre in der Vorstellung, als ob mir dabei überhaupt eine Wahl freistehe zwischen verschiedenen poetischen Formen? Unsere Nibelunge zu erwecken mit anderer Musik als ihrer ureignen, das war nicht minder unmöglich, als die Reformation durch eine Bibelübersetzung in lateinischer Sprache.

Gesetzt, mein Versuch wäre mir gänzlich mißlungen und erfolglos geblieben: ich hätte dann verzweifeln müssen an meiner Befähigung den Beweis zu führen; — aber die apriorische Gewißheit, daß der germanische Vers nothwendig und selbstverständlich jedem andern eben so weit überlegen sein müsse, als die poetische Weltanschauung der Germanen an Tiefsinn und Erhabenheit, an Bilderpracht und sittlichem Ernst der jedes andern Volkes überlegen ist — diese Gewißheit wäre mir auch dann keinen Augenblick erschüttert worden. Welches vorzüglichste Kleinod anderer Mythik darf sich auch nur vergleichen wollen mit unserer Baldersage? Und Sie, welche dies Allerköstlichste zu schaffen vermocht, sollten zu dessen Bewahrung durch viele Jahrhunderte nicht auch das paßlichste Schmuckgefäß geschaffen haben? —

Der nächstvorhergehende Satz des g. Kritikers wäre ganz unbestreitbar und vollkommen richtig, wenn er ein kleines Wörtchen ausgelassen und geschrieben hätte:

Die Aufmerksamkeit die sich beständig auf die Alliteration richtet, ermüdet den Geist und zieht ihn ab vom Inhalt."

Er hat aber geschrieben „die sich beständig auf b. A. richten soll" ... und dies „soll" ist durchaus unrichtig.

Jede Kunstform ohne Ausnahme stört den Genuß des Kunstwerkes, wenn man ihr besondere Aufmerksamkeit widmet und seine Technik prüft, anstatt sich ihm selbst hinzugeben.

Immerhin möge man auch die Farbenmischung eines Malers studiren. Wer das thut darf sich aber, wann er es thut, nicht einbilden, gleichzeitig Raum und unverminderte Empfänglichkeit zu behalten für die Gesammtwirkung des Gemäldes. Er darf selbst an die sixtinische Madonna

nicht die Forderung stellen, daß ihn dieselbe, während er ihrer Mache nach-
spürt, noch ungetrübt erfülle mit der Andacht der Schönheit.

Nun kann allerdings eine Kunstform mehr als eine andere verführen
zu dieser den Genuß störenden und für Den der genießen will, unrichtigen
Aufmerksamkeit auf die Technik. Gesetzt, ein ausgezeichneter Maler der
Gegenwart, etwa Lessing, entdeckte die wirksame Verwendbarkeit ganz
neuer, für die Kunst bisher nie gebrauchter Farbstoffe: er würde ohne
Zweifel darauf gefaßt sein müssen, geraume Zeit hindurch die Aufmerksamkeit der meisten Beschauer fast ausschließlich gefesselt zu sehen von dieser
technischen Neuerung.

In ähnlichem Fall befindet sich mein Epos mit seinem Stabverse.
Dieser ist zwar, wie ich gezeigt habe, das gerade Gegentheil einer Neuerung.
Nicht darüber sollte man sich wundern, wie ich das recht oft höre, daß
er so gut für unsere Sprache paßt und ungezwungener, als irgend ein anderer, Satzbildung und Tonfall der alltäglichen Rede auch in der Poesie bei-
zubehalten gestattet: sondern das wäre verwunderlich, wenn er ihr nicht
paßte wie angewachsen; denn er ist ihr angewachsen, er ward ihr angeboren.
Der Stabvers war die Wiege, welche das deutsche Wort zuerst in poetische Rhythmen geschaukelt hat; er ist viele Jahrhunderte der einzige Vers
der deutschen Poesie geblieben. Erst als römisches, romanisches und roman-
tisches Wesen den Deutschen ihr Deutschthum auszutreiben begann, ward
auch diese einzige ächt deutsche Form der Poesie verdrängt, unsere Götter-
sprache verwälscht und hinein massacrirt in importirte Versformen roma-
nischen und semitischen Ursprunges.

Die Thatsache dieser langen Krankheit ist aber um so weniger aus-
zustreichen, als dieselbe noch heute gar Vielen für die rechte Gesundheit gilt.
Mein Stabvers bleibt also trotz alledem in sofern eine kühne Neuerung,
als ein rundes Jahrtausend liegt zwischen mir und dem letzten deutschen
Poeten der sich seiner bediente, dem Verfasser des Heliant.

So ist es denn natürlich, daß er zuerst Befremden weckt und dann
jenes Uebermaaß von Aufmerksamkeit auf seine Technik, welches die Hin-
gabe an die Poesie selbst anfangs stört. Das ist aber nicht seine Schuld,
sondern lediglich die Schuld der Hörer, deren Ohr zu befreien aus der
Gefangenschaft in einer fremden Rhythmik und Sprachmusik er einige
Minuten verwenden muß.

Ich pflege deshalb, wann ich vor einem neuen Publicum zum ersten-

mal als Rhapsode auftrete, einer kurzen Angabe der Hauptgesetze des Stabverses ungefähr Folgendes hinzuzufügen:

„Indeß werden Sie diesen Vers durch die Praxis alsbald besser kennen
lernen, als es durch Anführung seiner Regeln möglich ist. Ja, meine
Erfahrungen veranlassen mich zu einer ausdrücklichen Bitte: Verwenden Sie
keine besondere Aufmerksamkeit zur Beobachtung des eben angedeuteten Gesetzes.
Wenn Sie es zählend controlliren wollten, wie oft die gleichen Anlaute
wiederkehren, in welchen Variationen sich dieselben auf die vier Vershebungen
vertheilen, in welchen Verschlingungen die doppelpaarige Alliteration eintritt: so würde Ihnen diese Beschäftigung wenig oder gar keine Empfänglichkeit übrig lassen für den Inhalt der Dichtung. Ganz ebenso würden
Sie beim Anhören einer neuen Composition der Hauptsache verlustig gehn,
der Stimmung welche der Componist auf Sie übertragen will, und der
unmittelbaren Empfindung der Melodieen, wenn Sie sogleich kritisch erhor-
chen wollten, ob und wie er die Gesetze der Harmonie, die Regeln correcter
Stimmführung und contrapunktischen Ganges beobachtet habe. Wenn Sie
sich dagegen meiner Sprachmusik unbefangen hingeben ohne nachzugrübeln
über die Ursachen ihrer Wirkung, so wird Ihnen binnen zehn Minuten auch
ihr Gesetz ohne alle Mühe vollkommen geläufig sein. — Weil ich aber
schon weiß, daß Sie diesen Rath anfangs auch beim besten Willen nicht
würden befolgen können, so ermäßige ich meinen Anspruch zu dem Ersuchen:
die unvermeidliche Neugier auf die Form an den etlichen vierzig Eingangs-
versen, und nur an diesen, auszulassen. Da dürfen Sie es unbeschadet
thun; denn dieselben sind unter anderem auch dazu eigens bestimmt, mit
dieser ungewohnten Sprachmusik vertraut zu machen. Sobald ich aber von
diesen zur Erzählung übergehe, bitte ich Sie, sich um den Vers gar nicht
mehr zu kümmern; denn seine Schuldigkeit kann er nur thun, wenn man
ihn nicht mehr fragt, warum und wodurch?"

Der erste Irrthum des g. Kritikers bestand also nur darin: für einen
Fehler der Alliteration zu halten, was nichts anderes ist, als die allerdings unvermeidliche Wirkung ihres Mißbrauchs. Genau die nämliche
Ermüdung und Zerstreuung würde man vom Endreim zu erleiden haben,
wenn man ein Reimgedicht dazu mißbrauchte, beständig nur die Reime sehn
oder hören zu wollen. Der sehr zweifelhafte Vortheil des Endreims in
diesem Punkte besteht allein darin, daß man mit ihm zu allgemein vertraut ist, um überhaupt noch formelle Neugier zu empfinden.

Sein zweiter Irrthum ist, daß er verlangt hat, zur Tugend der Allitteration durchzubringen, aus dem gleichen Anlaut eine harmonische und sprachliche Bedeutung herauszufühlen, ohne sie recht zu gebrauchen. Seine Forderung an die Allitteration ist eine vollkommen richtige, wie man schon aus den früheren Abschnitten dieser Schrift gesehen hat. Auch das ist richtig, daß diese Form diese Forderung nicht unter allen Umständen genügend erfüllt. Sie kann das nur unter gewissen Bedingungen, wie wiederum jede andere Kunstform.

Schon früher hatte diese Thatsache ein anderer Frankfurter Beurtheiler (Frankfurter Journal, Didaskalia 19. Octbr. 1867) für erwähnenswerth gehalten. Er führte an, was Prof. K. Bartsch in Rostock über meine Stabverse geschrieben hat:

„Die Allitteration bewirkt die schönste Harmonie von Form und Gedanken, indem sie die im Satz bedeutendsten Worte auch lautlich auszeichnet. Dem zauberischen Wohlklange derselben konnte Niemand sich entziehen der dem Vortrage J.'s folgte."

Dann fuhr er fort:

„So sehr wir denselben Eindruck von den hier stattgefundenen Rhapsodieen zurückbehalten haben, eben so will es uns andererseits bedünken daß diese Form beim eignen stillen Durchlesen verliert."

Gewiß thut sie das! Wozu wäre sonst jede Sylbe durch die Erfahrungen des Rhapsoden zum letzten Schliff gebracht, jede berechnet auf den lauten Vortrag, wenn dieser überflüssig wäre? Wehe dem Gedicht, das nicht verlöre beim stillen Lesen, denn es hätte eben nichts zu verlieren.

Verliert etwa ein Gemälde nicht, wenn man es in der Dämmerung, im Halbdunkeln beschaut?

Es gibt ja eigentlich keine Farben. Was wir, im Sinn des Malers, mit diesem Wort bezeichnen, sind nur Mittel zu einer gewissen Anordnung der Aetherschwingungen deren Effect wir als Licht wahrnehmen. Diese Schwingungen werden von den Farbstoffen durch Zurückwerfung zu den bestimmten Schrittgrößen und Tactfolgen gezwungen, von denen jede andere Stufe in unserm Auge eine andere Farbenempfindung weckt. Erstmalig in unserm Auge kommt die Farbe zum Dasein, und, augenlos, läge die Welt auch farblos und in ewiger Finsterniß. Kein Maler kann, streng genommen, Bilder malen. Er kann lediglich einer Fläche eine solche Einrichtung geben, daß sie jedesmal nahezu dasselbe Bild im anschauenden Auge eigens entstehen läßt, aber nur unter Bedingungen: nur wenn dieser Fläche zuvor ein vorausgesetztes Maaß Dessen in vorausgesetzter Beschaffenheit zugeführt ist, was sie in bestimmter Verwandlung ins Auge zurückstrahlen muß, um da die gewollten Farbenunterschiede zu wecken.

So kann der Poet auf's Papier nichts anderes schreiben oder drucken lassen, als eine Anleitung, mittelst eines Instruments das jedem nicht Stummen zur Verfügung steht, die Luft in Schwingungen zu versetzen von einer so geordneten Reihenfolge und von so regelmäßig wiederkehrenden Gestalten, daß sie, an's Ohr schlagend, für den Vernehmenden die Lautzeichen für Gedanken bilden und durch die Regel ihres Wechsels, ihrer ähnlichen oder gleichen Wiederkehr die Empfindung gesetzmäßigen Wohllauts erwecken, kurz eine gewisse Musik in's Dasein rufen. Erstlich in der Wirkung im Ohr des Verstehenden kommt sein Gedicht zur Existenz.

Indem wir Gemälde betrachten wissen wir allenfalls auch den Fehlereffect einer falschen Beleuchtung nach öfterer Erfahrung zu schätzen und die richtige Farbe zu sehn wo sie im Augenblick gar nicht vorhanden ist. Ein bekanntes Bild wird selbst im Halbdunkeln auf uns wirken. Ja, wer gut zu schauen versteht und wessen Gehirn die photographischen Wirkungen empfangner Anschauungen leicht und scharf reproducirt, der kann sich die gestaltenreichsten Gemälde bis ins Einzelne genau vor das Bewußtsein rufen und sie innerlich wieder beschauen ohne vor ihnen zu stehn.

Ein geübter Musikdirector kann sich eine neue Symphonie auch vor der Execution einigermaaßen vorstellen indem er die Partitur studirt; für ein einfaches Lied gelingt das wohl jedem gewandten Sänger. Aber begnügt man sich deshalb damit, den Leuten die Musik gedruckt in die Hände zu liefern? Muthet man ihnen zu, sich mit ihrem stillen Lesen zu begnügen?

Ein gedrucktes Gedicht ist auch eine Art Notenblatt; denn es enthält nicht blos Mittheilung von Begriffen, sondern auch die Anweisung zu einer Musik mit den Worten, welche diese Begriffe enthalten.

Allerdings weit größere Uebung im Reproduciren ohne den zugehörigen Sinn besitzt die sprachliche Hörphantasie. Die Verwirklichung gesehener Lautzeichen durch Acte des Sprachorgans und ihre Uebermittlung an das Bewußtsein durch Acte des Ohrs, geschieht so überaus häufig, daß man gelernt hat, beide Stufen zu überspringen, d. h. jene Acte nur in der Vorstellung zu vollziehn, und dabei nicht nur die Worte zu verstehn, sondern auch den ungehörten Klang annähernd zu empfinden. So kann denn allerdings auch ein Gedicht vom bloßen Sehn zu einer gewissen Kunstexistenz in der Phantasie gelangen, und diese wird sich der aus lautem Vortrag erhörten um desto weiter annähern, je geübter der Leser ist im Selbstvortragen und dadurch im Hören. Am Weitesten in dieser Annäherung bringt es natürlich, wer selbst Poet ist, und — was er durchaus muß um es recht sein zu können, die Vortragskunst gründlich versteht, — auch wenn er dieselbe, in Ermangelung eines ausreichenden Organs, nicht erfolgreich sollte ausüben können.

Zufällig kann ich schon ein Urtheil, das ein solcher Poet ebenfalls vom Sehen des Buches abgegeben hat, dem obigen gegenüberstellen. E. Scherenberg sagt (Braunschw. Tageblatt, 7. März 1868):

„Die Schönheiten des Werkes erleiden keinen Abbruch durch die stille Lecture. Blos durchfliegen, wie manche Romane, darf man freilich eine derartige poetische Schöpfung nicht, sondern man muß sie wirklich lesen, und, wie es bei Versen überhaupt nöthig ist, nicht nur mit dem Auge, sondern auch mit den Ohren. Wer nur einigermaaßen darin geübt ist, ein gelesenes Wort zugleich im Geiste zu hören, dem wird aus den so meisterhaft jeder Stimmung entsprechenden Stabreimen eine Fülle von Wohllaut entgegenströmen."

Gleichwohl muß ich der Wahrheit die Ehre und gegen Scherenberg wie scheinbar gegen mich selbst jenem Spruch des zweiten Frankfurter Kritikers Recht geben „daß diese Form verliere bei stillem Durchlesen". Scherenberg verfällt ein wenig dem nicht seltenen und im Grunde liebenswürdigen Irrthum: in gleichem Grade auch Andern zuzutrauen was ihm selbst geläufig ist. Um den Eindruck zu empfangen, den er bezeichnet, muß man nicht „einigermaaßen" sondern schon sehr ausnahmsweise geübt sein in der stummen Hörkunst.

Ueber die Verbreitung derselben herrschen die allerübertriebensten Vorstellungen, und natürlich besonders unter Schriftstellern welche diese Kunst besitzen. Ich kenne eine Menge Personen, für welche ein neuer Text bei stillem Fürsichlesen zwei und dreimal fast gänzlich stumm und unverstanden bleibt, obwohl sie ihn, vorgetragen, sogleich verstehn, und unter ihnen recht gebildete, wenn auch nicht gerade der Litteratur besonders eifrig zugewendete Leute. Aber gerade solche sind recht oft meine dankbarsten Zuhörer gewesen. Ich kenne Andere — und unter der ackerbauenden Bevölkerung ist das die

Regel — die auch ihre oft gelesenen Bibel- und Gesangbuchverse für sich allein niemals anders lesen als laut, und wenn man sie fragt, weshalb? ganz verwundert antworten: ja, wie soll ich's denn sonst verstehn? Gedichte aber, die nicht schon sehr oft gehört worden sind, finden eben deswegen so wenig Leser, weil die Befähigung, bei stillem Lesen auch ihre Musik in einiger Annäherung zu vernehmen, selbst unter den gebildetsten Ständen ganz genau nur eben so oft d. h. eben so selten angetroffen wird, als die Kunst ihres angemessenen Vortrages, und weil in der That, wo diese Kunst fehlt, Unterhaltungsschriften in Prosa für den mühelosen Zeitvertreib weitaus zweckmäßiger sind als jegliche Art von Poesie.

Ein stummes Lesebuch zu dichten ist mir im Traum nicht eingefallen. Wer also meine Nibelunge gebraucht zum stillen Lesen ohne sie zuvor gehört zu haben, der gebraucht sie nicht recht. Der beschaut ein Gemälde im Halbdunkeln, der besieht Noten, der begnügt sich mit abgebildeter Architectur, mit gezeichneten Statuen; der verzichtet auf neun Zehntel der Formwirkung und darf sich nicht wundern, wenn dieselbe zusammenschwindet zur Erinnerung an das Spiegelbild eines Schattens. —

„Diese Photographie, sagte Jemand, ist in sofern wunderlich, als darauf höchst überflüssiger Weise zwei Bilder von genau den nämlichen Gegenständen dicht neben einander stehn. Im Uebrigen kann ich etwas Besonderes an ihr nicht finden, und einfach würde sie mir besser gefallen."

„Aber es ist ja, erwiderte man ihm, ein stereoskopisches Bild! Sie müssen es durch die dafür bestimmte Diorama-Brille betrachten."

„Ich habe gute Augen, versetzte er, und brauche keine Brille."

„Dann freilich, schloß der Andere, bleibt das Bild für Sie eine gewöhnliche Photographie, ja, noch weniger, weil die dann überflüssige Verdoppelung Sie stören muß. Der Fehler liegt aber nicht am Bilde, sondern lediglich an Ihrem Eigensinn, es gegen seine Bestimmung zu verwenden."

In meinem Epos ist für die Bestimmung eines stillen Lesebuchs noch etwas mehr als die Hälfte rein überflüssig und vielleicht sogar störend, nämlich nicht blos Vers und Stabreim, sondern auch ein erheblicher Theil der Worte, da von diesen eine Menge keinen anderen Dienst hat, als die Anschauung zu vollenden. Es ist eine sprachliche Stereoskopie. Recht wahrnehmen kann das Niemand ohne das Stereoskop, für das es geschaffen wurde. Dieses Stereoskop aber trägt jeder nicht Taube am

Kopf in seinen zwei Ohren. Schon wenn er ihnen mit seinen eigenen Lippen die gedruckten Zeichen als Laute zuführt, wird er bewegte Bilder körperhaft entstehen sehn. Um aber die volle Wirkung zu empfangen muß die Daseinsgebung mindestens zweisam geschehn; denn sie geschieht unvergleichlich besser wenn die Lippen und die Ohren an verschiedenen Köpfen sitzen. Wer vortragend einem Hörer in's Auge sieht und die gewirkte Spannung und Erregung im Glanz dieses Auges wahrnimmt, wird dadurch mächtig gesteigert in der Empfindung des rechten Ausdrucks, im sichern Treffen und Articuliren der besten Töne; und wer nur zu hören braucht, in dem werden so lange alleinherrschend und allmächtig die einbildsamen Kräfte welche im Menschenhaupte die Weltschöpfung zu wiederholen vermögen.

So gebrauchet die Nibelunge wann Ihr Abends um den Theetisch sitzet, und ihr werdet das Vorgetragne und Gehörte greifbar werden und nach allen Dimensionen körperhaft auseinanderrücken sehn, als hättet ihr vor euch eine Bühne mit beständig wechselnden Decorationen auf der sich Helden und Heldinnen handelnd bewegen wie in leibhafter Gegenwart und könntet zugleich hinter ihre Stirnen und bis in die geheimsten Falten ihrer Herzen hineinschauen.

Lasset mir aber, wann Ihr das thut, auch die Hauptpersonen, mein liebstes und dankbarstes Publicum dabei sein: eure Kinder, wenn Ihr deren habt, die etwa das breizehnte Jahr überschritten haben. Denn gleich ihnen empfänglich für Poesie sind Erwachsene nur dann, wenn sie sich kraft eines Funkens von sogenanntem Genie das Kindergemüth bewahrt haben; — wie denn bekanntlich Niemand über die Jünglingsjahre hinaus Poet bleiben kann wenn er nicht auch auf alten Schultern einen Kindskopf sitzen hat.

Eure Kinder dürfen Alles hören, wenn — wenn Ihr kluge Aeltern seid und wisset, was ächte Zucht und deutsche Züchtigkeit ist. Solltet Ihr aber noch meinen: das Märchen vom Adebar sei eine passende Antwort auf die unvermeidlichste der Kinderfragen; solltet Ihr noch meinen, die Geheimthuerei sei weder gefährlich noch lächerlich für junge Menschen von eminentem und dem eurigen oft überlegenem Scharfsinn; solltet Ihr meinen, es sei nicht besser, den gefürchteten Trieb wahrhaft keusch zu machen durch die rechtzeitige Erkenntniß seiner heiligen Bestimmung —: nun, dann leset mit ihnen nicht den 15. und 16. Gesang, die ich auch öffentlich nicht vortrage ohne für die bedenklichen Gemüther schon der Anzeige einen Wink einzuflechten, obwohl ich auch für diese Gesänge das Prädicat sittlicher Gesundheit in Anspruch nehme.

Nur in der lebendigen Wechselwirkung zwischen ihm und seiner Nation darf der Poet hoffen, Aechtes und Bleibendes schaffen zu lernen. So nur, das läßt sich beweisen, haben die homerischen Dichtungen ihre unerreichte Vortrefflichkeit, ihre unverlierbare Wirksamkeit gewonnen. Was sollte uns hindern, das gleiche Verfahren anzuwenden zur künstlerischen Neugestaltung unseres Erbschatzes von Sagen? Ist er etwa minder dazu geeignet? Im Gegentheil! Was Homer für seine Kunst an Stoffen vorfand, es war fast Armuth gegen unsern Reichthum, es war kaum Silber gegen unser Gold.

Denn an Vorwürfen zu Bildern von reichstem Farbenschmuck und voll bewegter Plastik; an Scenen voll zartester Empfindung und wildester Leidenschaft; an den mannichfaltigsten Characterumrissen von den herrlichsten bis zu den furchtbarsten, von den edelsten bis zu den verruchtesten Gestalten; an erschütternden Begebenheiten und tragischen Conflicten, wie sie kein Menschenhirn jemals gewaltiger zu erfinden vermag; an tiefsinniger Naturanschauung, die in staunenswerthem Maaße die heutige Naturwissenschaft ahnend vorwegnahm und symbolisch darstellte; vor Allem an heiligem Ernst und strenger Sittlichkeit des waltenden Schicksals: kurz, an allen Vorbedingungen großartigster Poesie besitzt die germanische Sage eine so unvergleichliche Fülle, daß sie damit das epische Material jedes anderen Volkes, auch des griechischen, weit hinter sich läßt.

Warum hat es dennoch Niemand gewagt, sich dieses Stoffes als Rhapsode zu bemächtigen um ihm die Kunstgestalt zu geben, die in ihm schon so deutlich vorgebildet liegt?

Nicht hier vermag ich die Riesenarbeit mehrerer Generationen zu würdigen welche gethan sein mußte, bevor der Gedanke dieses Wagnisses auftauchen und zur That reifen konnte.

Aber auch nach dem Heroenwerk der Dioskuren Grimm und ihrer Jüngerschaar, unter der Uhland die erste Stelle einnimmt; auch nach der siegreichen Wiedereroberung der germanischen Vergangenheit und nach Vernichtung der Lügen, mit denen man uns um den Glauben an unsere Vorfahren betrogen hatte, stand immer noch ein Hinderniß im Wege, welches die Poesie abhielt, den von der Forschung erschürften Goldhort auszumünzen.

Dies Hinderniß war nicht Wall noch Mauer, die man übersteigen oder zertrümmern konnte; es war eine Wache von Phantomen.

Sie werden von den Waffen des Verstandes ohne Widerstand durchschnitten aber nicht verwundet. Wer nur hindurch will, der durchschreitet ungehemmt ihre wesenlosen Scheinleiber. Aber hinter ihm bleiben sie stehn wie zuvor, und ob er auch lachend winke, man schüttelt bedenklich den Kopf. Denn wem die Fähigkeit eigner Gedanken versagt blieb, dem lähmen sie den Willen mit dem Wahn der Unmöglichkeit. Sie können nicht vertilgt werden, sondern nur aussterben; denn es sind Schulbegriffe mit der Weihe von Jahrhunderten.

„Der Roman ist das Epos der Gegenwart. Das epische Zeitalter ist unwiederbringlich vorüber."

In welchem Lehrbuch der Litteraturgeschichte stünden diese Sätze nicht? Wo gälten sie nicht für gleich unerschütterlich wie die mathematischen Grundaxiome, die eines Beweises weder bedürfen noch fähig sind?

Und dennoch sind beide weiter nichts, als der naive Ausdruck der Thatsache: daß die Epoche der sie angehören durchaus die Fähigkeit verloren hatte, das Wesen des Epos und die Bedingungen zu begreifen, unter denen es bei den arischen Völkern bisher dreimal Kunstgestalt gewonnen hatte und sie zum vierten mal eben so unfehlbar gewinnen mußte, wie in der heutigen Astronomie eine neue Entdeckung keine drei Monate mehr ausbleiben kann, sobald sie durch die Reife ihrer Voraussetzungen fällig geworden ist.

„Seit undenklichen Geschlechtern sind die Flügel nur noch zum Rudern bestimmt. Wie dürft ihr sie mißbrauchen zum haltlosen Herumstreichen in der Luft, ihr Möven und Sturmvögel? Das Fliegen ist veraltet; seine Zeiten sind unwiederbringlich vorüber."

So sagen die Pinguine.

Es gibt Höhleninsecten, die, im Lauf der Generationen in das lichtlose Innere der Klüfte vordringend, ihre Sehkraft eingebüßt haben durch Nichtgebrauch. Ihre Augen sind Rudimente, nutzlose Stummel geworden; entweder aus ihnen oder statt ihrer haben sich Taster ausgebildet. Diese Taster, es hat eine gewisse Richtigkeit, sind die Augen der Finsterniß.

„Wie kannst du dich unterstehn, die Form der Dinge aus der Ferne erfahren zu wollen? Die Zeit des Lichtes ist unwiederbringlich vorüber."

Das dürften diese Thiere sagen zu der kühn und raubdurstig dahinschwirrenden Libelle mit den glasklaren Facettenaugen. Sie dürften es sagen mit eben so gutem Recht, als die Romantiker sagen, der Roman sei das Epos der Gegenwart, das epische Zeitalter sei unwiederbringlich vorüber, — nämlich mit dem guten Rechte der blinden Höhleninsecten.

Winziger als für das Leben des Einzelnen ein Tag ist für die organischen Gestaltungen der Natur die Zeitspanne, welche wir messen mit drei oder viertausend Sonnenumläufen des von uns bewohnten Kreisels. Ist das Menschengeschlecht eine andere Species geworden von gestern auf heute, von den indischen Epikern und Homer bis auf uns? Sind Muschel, Gehörgang, Hämmerlein, Trommelfell und Schnecke unserer Ohren so völlig verwandelt, daß sie zwar die verwegenen Harmonieen und verwickelten Perioden einer Beethovenschen Symphonie, aber nicht mehr die selbständigste und höchste Form der Poesie, das rein sprachliche Kunstwerk des Epos, sollten aufnehmen und würdigen können? Können wir etwa nur noch schreiben und lesen, nicht mehr sprechen und hören?

Kaum zu verkennen freilich sind Ansätze zu einer menschlichen Höhlen-Fauna der Letternepoche. Wenn es eine Strecke von etlichen Jahrtausenden fortgeht mit der überhandnehmenden Gewohnheit ganzer Klassen, nur noch auf Papier ihre geistigen Regungen zu empfangen und von sich zu geben, so wär' es nicht undenkbar, daß eine Varietät von homo bimanus erzielt würde, welche die sämmtlichen Buchstaben mit dem Ohr nicht mehr von einander zu unterscheiden, mit den Sprachorganen nicht mehr unterscheidbar auszudrücken vermöchte, wie das bekanntlich in Betreff des b und p, des d und t einem unserer Stämme schon jetzt nicht mehr möglich ist; — und wer kann wissen, ob es nicht gar im ökonomischen Plan des Demiurgen liegt, für die Arbeitstheilung auch Organverkümmerungen und Organwucherungen zu züchten, wie wir sie beobachten in jedem Bienenstock und jedem Ameisenhaufen?

Aber sollen Wir uns geduldig fügen in solche Rückbildung? Ist es nicht vielmehr ein heiliges Amt vor allem der Poesie, dieser Unzucht zu steuern?

Eine Karawane hatte Monate lang die Wüste durchirrt und vergebens gesucht nach einer fabelhaften Oase von paradiesischer Schönheit und voll überschwänglichen Reichthums. Ein verlockendes Märchen aus Mekka hatte von ihr erzählt und die Unternehmer entzündet mit heißer Begierde das Wunderland zu gewinnen.

Erst in der Gefahr zu verdursten hatte man endlich eine Richtung eingeschlagen in welcher die Kenner des Landes nach Zeichen im Boden und fernen Wölkchen ein Sammelbecken der Gewässer oder eine Lebensader des Erdtheils vermuthet.

Wirklich, sie gelangten durch einen Rand von zunehmendem Pflanzenwuchs, durch hohes Gesträuch, durch einen dichten, schwer zu durchdringenden Urwald voll herrlichsten Bauholzes, an das Ufer eines mächtigen Stromes.

Nach Löschung des ersten Durstes ward er von jenen Kundigen erkannt als der lange verschollene obere Lauf desselben Stromes, an dem die Wiege der menschlichen Gesittung gestanden, aus dem die frühesten Vorfahren das Beste der Lebenskraft getrunken deren sie einen Theil vererbt auf ihre Nachkommen. Aus ihm dies versiegende Erbtheil zu erneuern, auf ihm und an ihm wieder heimisch zu werden, wo er, noch nahe seinen Quellen, in unvermischter Lauterkeit hinströme; sich anzusiedeln an den schönsten Stellen seiner Gestade, die markigste Nährfrucht zu ärndten aus dem Boden den er befruchte, die prachtvollsten Wunderblumen zu ziehen in Ziergärten welche die von ihm durchtränkte Luft bethaue: das war schon seit Geschlechtern ein dunkler Drang, eine heiße aber nur halb bewußte Sehnsucht dieser Nachkommen gewesen.

„Lasset uns ein Schiff bauen, rief ein dreister Geselle, und getrost hinuntergleiten auf diesem majestätischen Spiegel Himmels und der Erde."

Die Kameeltreiber jedoch und die märchengläubigen Unternehmer der Karawane waren schon längst im Stillen erboßt, daß ihr Ansehn geschwunden, daß die Dürstenden ihr Oasenparadies für einen verderblichen Wahn erklärt und sie gezwungen hatten, den Winken jener weisen Erforscher des Bodens zu folgen. Ueber diesen letzten Vorschlag geriethen sie vollends in Entrüstung.

„Welch ein unglaublich Erdreisten! riefen sie. Unerhört, unmöglich, undenkbar! Ein Schiff bauen in der Wüste! Umstoßen zu wollen was feststeht seit Jahrtausenden! Das Kameel ist das Schiff der Wüste!"

Lange bevor jener Geselle ein Wort gesagt waren die weisen Meister stillschweigend eingedrungen in den dichtesten Urwald. Da hatten sie Bäume gefällt und begonnen, bedächtig den Kiel zu legen zu einem gewaltigen Schiff. An diesem zimmern sie noch. Bald wird es fertig werden, ein prachtvoller

Bau, geräumig genug, die ganze Karawane aufzunehmen und zurück zu führen in das wahre Paradies, in die Heimath ihrer götterhaften Vorfahren.

Ihr Geselle jedoch hat sich rasch eine leichte Barke gefugt aus den tragendsten Stämmen, deren sie ganze Berge gefällt. Luftig singend gleitet er hinab und vorüber an Ufern von niemals geträumter Schönheit.

Die Kameeltreiber freilich schauen ihm nach mit mürrischen Blicken und werden rufen so lange sie leben: „Unerhörte Thorheit! Das Kameel ist das Schiff der Wüste."